ro
ro
ro

Christian Heynen, geboren 1973, M. A. der Theater-, Film- und Fernsehwissenschaften, arbeitet seit 15 Jahren freiberuflich als Journalist, Autor und Dokumentarfilmer. Seinen Schwerpunkt bilden international koproduzierte Dokumentarfilme fürs Kino und die Prime Time. Außerdem schreibt er Sachbücher, Drehbücher und Artikel für Zeitungen.

Christian Heynen

Jeder dritte Deutsche bügelt seine Unterwäsche

Kuriose **Statistiken** über den
Durchschnittsbürger

Rowohlt Taschenbuch Verlag

Originalausgabe   Veröffentlicht im Rowohlt Taschenbuch Verlag, Reinbek bei Hamburg, Dezember 2016   Copyright © 2016 by Rowohlt Verlag GmbH, Reinbek bei Hamburg   Redaktion Ana González y Fandiño   Umschlaggestaltung ZERO Werbeagentur, München   Umschlagabbildung FinePic®, München   Innentypografie Daniel Sauthoff   Gesamtherstellung CPI books GmbH, Leck, Germany   ISBN 978 3 499 63185 6

Inhalt

Einleitung

Ist Ihre Lieblingsfarbe Blau? +++ Hat Ihre Hochzeit **14 400** Euro gekostet? +++ Würden Sie gerne eine Zeitreise in die Vergangenheit unternehmen? +++ Pfeifen Sie gerne vor sich hin? +++ Rauchen Sie **986** Zigaretten im Jahr? +++ Haben Sie heute schon **135**-mal aufs Handy geblickt? +++ Haben Sie letzten Winter **285** Euro für Weihnachtsgeschenke ausgegeben? +++ Kriegen Sie beim Einkaufen jährlich **71** Plastiktüten in die Hand gedrückt? +++ Gehen Sie **1,5** Kilometer am Tag zu Fuß? +++ Ist Ihr Penis – falls Sie denn einen haben – **8,6** Zentimeter lang, wohlgemerkt im unerigierten Zustand?

Nein? Dann schämen Sie sich! Denn das alles trifft auf die Durchschnittsdeutsche bzw. den Durchschnittsdeutschen zu, von dem auch Sie ein Teil sind. Zugegeben ein kleiner Teil, aber immerhin.

Deutsch! Klar?! Ein scheinbar eindeutiges Herkunftssiegel. Nicht nur für die oft auf der ganzen Welt beliebten deutschen Produkte, sondern auch für deren Hersteller, die international meist kritischer beäugt werden als das, was sie als Exportweltmeister so alles fabrizieren. Ein Wort, das ganz unterschiedliche Gedanken und Gefühle hervorruft: Zugehörigkeit, Ekel, Strammstehen, Weg-ducken, Stolz, Naserümpfen, Sicherheit, Verlorensein, Qualität, Scham – und zwar je nachdem, wen man im In- oder Ausland dazu befragt.

Wir gelten als akribisch, pünktlich, fleißig, ordentlich und daher fast schon zwangsläufig auch als besserwisse-risch, peinlich und langweilig. Gewissermaßen sind wir der ungeliebte Streber in der Klassengemeinschaft der Nationen. Fehlt nur noch, dass die ausländische Presse wieder in der Schublade mit den Vorurteilen herum-kramt, um anschließend die abgegriffenen Ladenhüter «Autos», «Bier», «Hitler», «Lederhosen» und «blond» her-vorzuzaubern.

Wissen Sie was? Ich kann dieses sich bis in alle Ewig-keit selbst reproduzierende Bild von uns nicht mehr sehen und die dazugehörigen Phrasen nicht mehr hören. Diese verzerrte, deutsche Fratze, die unermüdlich durch das Spiegelkabinett der Nationen irrt und an uns haftet wie ein säuerlich beißender Geruch, den man nicht mehr loswird. Aber irgendwie muss man sich im Ausland ja seine Meinung über Deutschland und die Deutschen zurechtzimmern … Denn was kann eine schlitzäugige Chinesin, ein froschfressender Franzose, eine geizige

Schottin, ein bombenbauender Palästinenser, eine faule Afrikanerin oder ein überheblicher und arroganter US-Amerikaner schon über uns Deutsche wissen?!

Nein, dann lieber auf vermeintlich exakte Zahlen und Fakten in Form von Statistiken und Umfragen schauen, die in Prozent akribisch bis hinter die Kommastelle erfassen, was wir tun, denken und wie wir fühlen. Aber seien Sie vorsichtig! Denn jeder gleicht sich automatisch mit dem Ergebnis ab. Liege ich im Durchschnitt? Darüber? Darunter?

«Der Durchschnittsdeutsche hat zweimal in der Woche Sex?!» Die eine oder der andere wird diesen Befund mit einem spöttischen Lächeln um die Lippen sowie einer vielsagend gehobenen Augenbraue quittieren und sich fortan für eine Libido-Kanone halten. Andere werden hingegen mit großen Augen staunen und sich für total unattraktiv und frigide halten.

Nehmen Sie deswegen die folgende Sammlung als das, was sie ist: eine unterhaltsame Reise, einen kuriosen Zahlen- und Fakten-Streifzug, eine aufschlussreiche Erkundungsfahrt à la *Per Statistik durch die Abgründe des Deutschen Wesens*. Ein Buch zum Schmunzeln, zum Nachdenken, mit Widersprüchlichem und mit Einblicken, die Sie so nie erwartet hätten – und die Sie mitunter gerne wieder vergessen würden.

Also Vorhang auf und Bühne frei für Statistik und Meinungsforschung, auf dass sie mit ihrem Scheinwerferlicht unser verborgenes Deutschland-Ich gnadenlos zum Vorschein bringen!

Wir sind die «Krauts»!

Im Ausland heißen wir Deutsche ganz gerne mal «Krauts», dabei mag die Mehrheit von uns gar kein Sauerkraut.

Nein, meine verehrten teutonischen Kameradinnen und Kameraden – wäre das Ausland ein bisschen mehr auf Zack, dann würde man uns zeitgemäß ein fröhliches «Ihr seid die Döner!» an den Kopf werfen.

Aber wer will das schon? Das würde den rechten Rand in Deutschland erheblich verunsichern und womöglich noch einen Shitstorm sämtlicher Vegetarier, Pescetarier und Veganer nach sich ziehen. Deswegen bleibt es bei den alten, ausgelutschten Bildern, von denen «Krauts» nur eines ist. Die Ösis nennen uns «Piefkes», die Franzosen «boches», was so viel wie «Dickschädel» heißt, und die Spanier tuten mit «cabezas cuadradas», wörtlich «Quadratschädel», ins gleiche Horn. Die Russen und US-Amerikaner wiederum sprechen in seltener Eintracht von «Fritz», wenn sie «den Deutschen» meinen.

Aber kennen Sie auch «Moffen»? So nennen uns die Niederländer wenig schmeichelhaft, denn die ursprüngliche Bedeutung von «mof» ist «muffig». Und wussten Sie, dass die Italiener uns «Crucchi» nennen – ein Begriff, der sich vom kroatischen Wort «crucco» für «Brot» ableitet?

Außerdem sind und bleiben wir für die Schweizer Eidgenossen nun einmal «Gummihälse».

Bis hierhin kann ich dem Ganzen noch folgen und mit gequältem Lächeln auch ungefähr verstehen, woher die netten Spitznamen aus der globalen Nachbarschaft kommen. Aber kann mir mal bitte jemand erklären, warum die Briten uns «Jerry» nennen? Bitte jetzt nicht typisch deutsch sein und direkt im Internet die Wortherkunft nachlesen, um sie mir dann empört zuzuschicken. In meiner gründlichen, deutschen Art habe natürlich auch ich längst nachgeschlagen – und kann es trotzdem nicht so recht nachvollziehen. Es geht schlichtweg ums Prinzip. Ich nenne US-Amerikaner ja auch nicht einfach «Kurt».

Wie dem auch sei, lassen Sie uns einfach ein bisschen hinter die stereotype Fassade schauen, um festzustellen: Wir sind tatsächlich ganz anders. Es gibt auch ganz und gar untypisch deutsche Fakten über uns. Oder hätten Sie gedacht, dass 91 % der deutschen Männer einem flotten Dreier nicht abgeneigt wären?

Nackte Fakten

Auch du bist eine bzw. einer von **81 197 537** Deutschen.

Pro Tag werden **1958** Deutsche geboren – und **2379** von uns sterben.

In Deutschland erblicken die meisten Babys im September das Licht der Welt.

13 890 Deutsche sind über 100 Jahre alt – **12 172** davon sind Frauen.

7,5 Millionen von uns sind schwerbehindert.

Ungefähr einer von **10 000** Deutschen gilt als Hermaphrodit oder Zwitter, das heißt, also nicht eindeutig männlich oder weiblich.

Ansonsten ist die Mehrheit der Deutschen mit **51,3 %** eindeutig weiblich.

80 000 Männer in Deutschland sind unter **1,50** Meter groß – 70 000 Frauen erreichen hingegen ein Gardemaß von über **1,90** Meter.

Wenn, dann trägt die deutsche Frau im Durchschnitt BHs mit der Körbchengröße **80C**.

Der deutsche Penis erreicht im erigierten
Zustand einen Mittelwert von **14,61** Zenti-
metern.

Durchschnittliche Schuhgröße
Frauen: **39**
Männer: **42**

«Ja mei!», **92** Dialekte werden in unserem Land
gesprochen.

Gesamtzahl gesprochener Worte pro Tag
(und unabhängig vom Dialekt)
Männer: **15 669**
Frauen: **16 215**

Wir haben über **500 000** verschiedene Vor-
namen ...

... darunter finden sich – inklusive behördlicher
Genehmigung – auch: **Raider, Sexmus**
und **Don Armani?!**

Wir Deutsche im Wandel der Zeit

Körpergröße Mann
  1871: **162** cm
  2013: **178** cm

Kuriose Randnotiz: Die Wehrpflichtigen des Jahres 1971 in der damaligen DDR waren rund **2,3** Zentimeter kleiner als ihre westdeutschen Kameraden.

Körpergröße Frau
  1900: **156** cm
  2013: **165,8** cm

Lebenserwartung eines neugeborenen Jungen bzw. Mädchens
  1871 bzw. 1881: **35,6** bzw. **38,5** Jahre
  2015: **77,7** bzw. **82,8** Jahre

Zusammengefasste Geburtenziffer, das heißt Kinder je Frau
  1900: **4,6**
  2014: **1,47**

Säuglingssterblichkeit
Anfang des 19. Jahrhunderts: **50 %**
2015: **0,25 %**

Anteil außerehelicher Geburten
1990: **15 %**
2010: **33,3 %**

Zahl der Privathaushalte in Deutschland
1871: **8** Millionen mit durchschnittlich
4,6 Personen
2013: **40** Millionen mit durchschnittlich **2** Personen

Haushalte mit Flachbildfernseher
2008: **16 %**
2015: **81,3 %**

Autos
1970: **15 100 000**
2015: **44 403 100**

Fluggäste auf deutschen Flughäfen
1950: **321 000**
2014: **105 000 000**

Unser CO2-Fußabdruck

 1804: **< 0,1** Tonne CO2-Emissionen

 2015: **9,8** Tonnen CO2-Emissionen

Gesamtzahl deutscher Soldaten

 1902: **605 000** (davon **0** Frauen)

 Ende 2015: **177 069** (davon **19 284**

 Frauen)

Wort des Jahres

 1971: **«Aufmüpfig»**

 2015: **«Flüchtlinge»**

«Der Flüchtlinge willkommen heißende Spardiktator» oder: wie uns das Ausland sieht»

Laut unseren europäischen Nachbarn trinken wir Bier aus Steinkrügen und haben eine ausgeprägte Vorliebe für Bondage und Sadomaso.

Trotzdem – oder womöglich gerade deswegen – hat sich in den letzten **15** Jahren das Bild von Deutschland weltweit durchweg positiv verändert.

Die meisten Länder wünschen sich, dass Deutschland international **mehr Verantwortung** übernimmt.

Wir Deutschen lehnen das aber mehrheitlich ab.

Am beliebtesten ist Deutschland bei Briten, Franzosen, US-Amerikanern, Kanadiern und Südkoreanern ...

... am unbeliebtesten in Spanien und Israel.

Italiener halten Deutsche für arrogant, und **10 %** von ihnen fallen ohne Umschweife zwei Worte zu uns ein: **«Nazis»** und **«Hitler»**.

81 % der Chinesen halten uns für höflich.

57 % der britischen Schulkinder finden wiederum, Deutschland sei das langweiligste Land in Europa!

Das liegt vielleicht daran, dass wir europaweit als diejenigen gelten, die am wenigsten korrupt sind und am härtesten arbeiten.

Nur die Griechen zweifeln unsere Spitzenposition als hartarbeitendes Volk an, ...

... denn sie glauben, sie hätten sie selbst inne.

Beethovens **9. Symphonie** gilt, darüber herrscht in Europa weitestgehend Einigkeit, als das schönste deutsche Musikstück ...

... nur die Türken sind der Meinung, Rammstein sei noch besser.

Irgendwie typisch deutsch

Die häufigste Haarfarbe auf deutschen Köpfen ist natürlich blond: von hell- über straßenköter- bis dunkelblond.

Jede bzw. jeder **dritte** Deutsche schneidet sich die Haare selbst.

«I go to the ... to the ... weiß einer, was Kneipe auf Englisch heißt?» Einer Studie über Englisch-kenntnisse zufolge schneidet Deutschland im europäischen Vergleich gerade mal mittelmäßig ab. Unter anderem Polen, Esten und Ungarn parlieren besser auf Englisch – auch wenn man das aufgrund der geographischen Lage und poli-tischen Vergangenheit ihrer jeweiligen Heimat-länder nicht unbedingt vermuten würde.

Zur Hinrichtung des sagenumwobenen Räubers Schinderhannes im **November 1803** erschien eigens ein Programmheft.

In Sachen Vereinsgründung macht uns so schnell keiner etwas vor: Mit rund **580 000** Vereinen sind wir in Europa die unangefochtene Nummer eins.

Deutschland war das erste Land, das die Sommerzeit einführte, und zwar im Frühjahr **1916**.

Die Mutter aller deutschen Normen, die **DIN 1** aus dem Jahr **1918**, ist ein Standard für Kegelstifte, die unter anderem in einem Maschinengewehr mit dem Namen «08/15» (kein Witz!) verbaut wurden.

Jede bzw. jeder **Dritte** von uns wandert regelmäßig bis gelegentlich.

65 % der Deutschen hassen es, beim Einkaufen in einer Schlange anzustehen.

Bei jedem **Dritten** kommen zu Heiligabend Würstchen und Kartoffelsalat auf den Tisch.

Gar nicht typisch deutsch – überrascht?

In Deutschland sollen etwa **10 000** bis **11 000** Sklaven leben.

Nicht etwa die «deutsche» Eiche, sondern die Fichte ist der Baum, der in Deutschland zahlenmäßig am weitesten verbreitet ist.

Das beliebteste Fast-Food-Gericht in Deutschland sind weder Currywurst noch Pommes, sondern – tata! – es ist der Döner ...

... **400** Millionen Stück wandern jährlich in unsere Bäuche.

Die häufigste Augenfarbe in Deutschland ist **Braun**.

Apropos braun: **Adolf Hitler** wurde 1939 für den **Friedensnobelpreis** nominiert. Klingt wie ein Witz und war auch als solcher gemeint, wie der schwedische Abgeordnete E.G.C. Brandt noch einmal betonte, als er seinen Vorschlag wieder zurückzog.

Wir gelten ja oft als kalt: **194 267** Wohnungen haben keine Heizung.

In Deutschland gibt es etwa **39 000** Obdachlose.

0,25 Gramm Kokain ist der geschätzte Jahresverbrauch jeder bzw. jedes Deutschen.

48 % der Alleinlebenden können sich keinen einwöchigen Urlaub leisten.

Grillweltmeister Deutschland? **500** Deutsche ziehen sich dabei pro Jahr schwerste Verbrennungen zu. Autsch!

Deutschland: Vorreiter im Umweltschutz? Von wegen. Ein Viertel des Biotonneninhalts hierzulande besteht aus DVDs, Plastik und Restmüll.

Dafür sind wir auf einem anderen Gebiet weltweit führend, und zwar bei Betrugsstraftaten: Wir kommen jährlich auf über **900 000** solcher Delikte ...

... während die US-Amerikaner «nur» **371 800-mal** und die Briten «nur» **358 186-mal** im Jahr betrügen.

Lustiges aus der Kategorie «unnützes Wissen»

Jeder **zehnte** Deutsche ist tätowiert. In der Gruppe der 25- bis 35-Jährigen ist es sogar jeder **vierte** ...

... aber jeder **zehnte** Tätowierte würde sein Körperbild am liebsten wieder loswerden.

12 % der Graffiti auf Damentoiletten drehen sich um das Thema «Liebe».

Der durchschnittliche Preis für eine Pille Ecstasy beträgt **6,60** Euro.

103 Euro Bargeld tragen wir normalerweise mit uns herum, davon **5,73** Euro in Münzen.

9 Tage bleibt ein Geldschein durchschnittlich in unserem Besitz.

Ab einem Betrag von **50** Euro wird beim Einkaufen die EC- bzw. Kreditkarte gezückt.

Die beliebteste PIN lautet originellerweise: **1234**.

75 % der Deutschen halten ihre Nase beim Küssen nach rechts.

Rund **9000** Züge der Deutschen Bahn haben jedes Jahr infolge von Metalldiebstählen (Schienen, Kabel und Teile frei stehender Anlagen) insgesamt **146 000** Minuten Verspätung.

Täglich verglühen in der Atmosphäre über Deutschland **70** Kilogramm an Staub und winzigsten Gesteinsbrocken aus dem Weltall.

41 % der deutschen Männer haben alle Teile der *Star Wars*-Filme gesehen ...

... fast jede **zweite** Frau hingegen gar keinen.

Es gibt eine Barbie-Puppe, die Angela Merkel nachempfunden ist.

So richtig deutsch abhängen

Das Leben genießen. Mal fünfe gerade sein lassen. Siesta als Dauerzustand.

Für all das ist Deutschland weltweit bekannt! Jawoll! Unser Lebensmotto – so richtig deutsch abhängen – hat ziemlich viele Anhänger, insbesondere im mediterranen Raum. So haben die Franzosen es ziemlich stümperhaft mit *savoir-vivre* übersetzt. Und auch die Italiener waren mit ihrem Plagiat *dolce vita* meines Erachtens nicht viel erfolgreicher. Da ist noch Luft nach oben bei unseren Nachbarn.

Aber Moment mal – das stimmt ja alles gar nicht! Denn wenn es um Lebensfreude geht, dann schaut die Weltgemeinschaft uns nur mitleidig an, als wären wir blind und redeten über Farben.

Warum aber gelten so viele andere Nationen als lässig, während man uns rundheraus als Spießer abstempelt? Um einen Werbespot für ein Handgeschirrspülmittel aus meiner Jugend heranzuziehen: Als Deutscher kommt man sich vor, als wohne man permanent in Villabajo, wo man ohne Unterlass schrubbt, während in Villarriba schon gefeiert wird. Und dieses Villarriba scheint wirklich überall zu sein, nur halt nicht in

Deutschland, sondern immer nur jenseits unserer Grenzen.

Wer hat als allerliebstes Hobby «Faulenzen und Schlafen»? Wer gibt am wenigsten Geld für Lebensmittel aus? Und wer gilt als humorloseste Nation der Welt? Die Italiener? Die Franzosen? Oder etwa die Spanier? Nein! Das sind wir!

Damit Sie mich nicht falsch verstehen, ich behaupte gar nicht, wir seien langweilig – das tun die Statistiken. Und mir geht es da wie Ihnen: Das schmerzt, und ich möchte laut widersprechen. Also stürze ich mich lieber auf die kleinen statistischen Gänseblümchen, die aus dem tristen, deutschen Langeweilerasen herausragen: So wurde Berlin von 27 000 Reisenden aus 26 Ländern in die Top Ten der beliebtesten Partystädte weltweit gewählt.

Aber ich bin mir sicher, der nächste Rasenmäher ist nicht weit. Denn den Rasen ordentlich kurz mähen – das ist auch typisch deutsch.

Feiern, bis der Arzt kommt

Zweimal die Woche gehen wir abends aus.

In Deutschland gibt es **33 296** Schankwirt-
schaften – auch Kneipen genannt – sowie
3929 Bars und Diskotheken.

Obwohl **zwei Drittel** der Jugendlichen
ungern in die Disco gehen oder Party machen,
sind **50 %** der **18**- bis **25**-Jährigen mindestens einmal im Monat sternhagelvoll und sturz-
betrunken. Hicks!

Apropos Alkohol: **3,1** Milliarden Euro nimmt
der Fiskus im Jahr durch die Besteuerung von
Alkohol ein ...

... doch die Kosten, die aufgrund zu hohen
Alkoholkonsums für ambulante und stationäre
Behandlungen sowie weitere Folgekosten ent-
stehen, liegen bei insgesamt **26,7** Milliarden
Euro jährlich.

Deutsche lieben Partyzelte: **39 %** haben bereits ein Vereins- oder Schützenfest, **50 %** ein Grillfest und **55 %** sogar schon einmal ihren Geburtstag in einem solchen Festzelt gefeiert.

Aber Vorsicht: Die Wahrscheinlichkeit, an seinem Geburtstag zu sterben, ist **14 %** höher als an allen anderen Tagen.

34 % von uns halten es für eine lästige Pflicht, auf Familienfeiern eine Rede zu halten.

36 % machen es gar nicht erst. Sie finden es unangebracht oder wissen einfach nicht, was sie sagen sollen.

30 % allerdings sind nicht zu stoppen. Ganz im Gegenteil, sie freuen sich sogar über die Gelegenheit, denn sie meinen: «Prima! Ich halte gerne Reden!»

Das mit Abstand beliebteste Familienfest ist: Weihnachten.

Wobei jede bzw. jeder **Zehnte** die Bedeutung von Weihnachten überhaupt nicht kennt.

47 % der Deutschen fühlen sich von Weihnachten allerdings «gestresst», und **45 %** haben gar Angst davor, an Weihnachten in Streit zu geraten.

Anscheinend nicht ganz unbegründet: Nach den Weihnachtsfeiertagen verdoppeln sich im Internet die Zugriffszahlen für Webseiten über Scheidungsrecht und Unterhaltsrechner.

Freizeit! – Was mach ich bloß, was mach ich bloß ...?

Wir haben **3** Stunden und **56** Minuten Freizeit pro Werktag.

8 Minuten davon befinden wir uns aber in einem Stau ...

... was nur unwesentlich weniger Zeit ist als die **13** Minuten, die wir täglich mit unseren Kindern spielen.

Nur knapp **die Hälfte** der Menschen in Deutschland kann nach Feierabend sofort abschalten.

16,9 % setzen zur Entspannung regelmäßig auf autogenes Training, Meditation oder Yoga.

4,2 % sagen hingegen: «Alles Quatsch!», und greifen für den Stressabbau lieber zu rezept-freien Beruhigungsmitteln.

Zwei Drittel von uns geben als Hobby
«Schlafen» an ...

... aber es gibt Tätigkeiten, die noch beliebter als
Schlafen sind. Hier die deutschen Top Drei der
Hobbys:
1. **Fernsehen**
2. **Radio hören**
3. **Telefonieren**

68 % der Deutschen wünschen sich, öfter einfach einmal ganz spontan das zu tun, wozu sie
Lust haben.

Aber angenommen, wir bekämen einen zusätz-
lichen Tag in der Woche geschenkt, was würden
wir wohl damit anfangen? Die Mehrheit sagt
ganz klar: **Ausruhen**!

Private Haushalte geben **245** Euro monatlich
für Freizeit, Unterhaltung und Kultur aus.

Jede bzw. jeder **Dritte** besucht einmal im Jahr
einen Zoo und jede bzw. jeder **Vierte** einen
Freizeitpark.

Aber zu Hause ist es ja auch nett: Wir geben
jährlich **1,894** Milliarden Euro für Spiele-
software aus ...

.... und überraschenderweise auch **1,35** Milliarden Euro für Strick-, Häkel- und Nähzubehör.

Ab in den Urlaub

Jede bzw. jeder Deutsche verreist statistisch **1,3-mal** im Jahr.

Die durchschnittliche Urlaubsdauer beträgt **10,2** Tage.

Wer tatsächlich verreist, ist aber länger weg, denn knapp jeder **Vierte** fährt nie in den Urlaub!

9829 Reisebüros in Deutschland versuchen, alle unsere Urlaubsträume zu erfüllen.

Dort wird am liebsten über **6** Monate im Voraus gebucht.

Wer hingegen lieber online bucht, der schlägt weniger als einen Monat vor der Abreise zu.

Online-Bucher sind durchschnittlich **41** bis **50** Jahre alt und geben in der Regel **1000** bis **1499** Euro aus.

Unser liebstes Urlaubsziel ist – tata! – unsere geliebte Heimat.

Hier stehen uns **950 216** Hotelzimmer mit insgesamt **1 713 330** Betten zur Verfügung.

Der durchschnittliche Zimmerpreis beträgt **94,40** Euro.

Eine knappe Mehrheit von **51,2 %** der Deutschen fährt am liebsten mit dem Auto in den Urlaub.

In der Feriensaison 2010 gab es deswegen **994** Staus, die über **10** Kilometer lang waren und es auf eine stolze Gesamtlänge von **13 948** Kilometern brachten.

Unsere Erwartungen an einen perfekten Urlaub sind gar nicht so hoch, oder?
Alles, was wir brauchen, ist:

1. Ein gutes Preis-Leistungs-Verhältnis
2. Schöne Natur
3. Freundliches Personal
4. Harmonie mit den Mitreisenden

39 % der Singles gehen mit der Hoffnung auf
Reisen, sich im Urlaub zu verlieben.

30 % aller Urlauber werfen zumindest einmal
in der Woche einen Blick auf die beruflichen
E-Mails, **11 %** sogar täglich.

46 % aller Deutschen vermissen im Urlaub das
eigene Bett.

Und fast jeder **Fünfte** hat regelrecht
Heimweh.

Ich lach mich schlapp

74 % der Männer und **69 %** der Frauen behaupten von sich selbst: «Wenn ich in der richtigen Stimmung bin, kann ich einen ganzen Saal zum Lachen bringen.»

Selbstwahrnehmung und Fremdwahrnehmung: Gefragt nach den humorvollsten Nationalitäten, belegt **Deutschland** unter 30 Ländern den **letzten Rang**.

Und tatsächlich gibt auch jeder **Zehnte** unumwunden zu: «Ich besitze überhaupt keinen Humor!»

90 % von uns meinen: «Lachen hält gesund!»

52,4 % sind aber auch der Ansicht, dass es in der Gesellschaft und im Berufsalltag kaum noch einen Grund zum Lachen gibt.

In Deutschland gibt es – Stand Juli 2016 – **230** Lachclubs.

Zwei Drittel der Männer glauben, Frauen mit Humor beeindrucken zu können.

Zwei Dritteln von uns gehen notorische Witzeerzähler auf die Nerven.

61 % der Deutschen sind der Meinung, Witze über gleich welche Religion seien tabu, gefolgt von Witzen über Ausländer (**58 %**) sowie Homosexuelle (**57 %**).

18 % finden hingegen, man dürfe über alles Witze machen ...

... bei den Personen mit den höchsten Bildungsabschlüssen sind es sogar **31 %**.

34 % von uns bevorzugen feinsinnigen Humor,
29 % kann es nicht derb genug sein,
27 % sind nicht wählerisch und lachen einfach über beides, während
10 % nicht so recht wissen, ob sie lieber über intelligente oder grobschlächtige Witze lachen.

Traurig, aber wahr: Jeder **Hundertste** von uns hat vor über einem Jahr das letzte Mal gelacht.

Sauber oder Saubär?!

Richtig oder falsch? Hopp oder top? Oder in unserem Falle: Welche Statistik stimmt denn nun wirklich?

Nehmen wir einmal ein deutsches Lieblingsthema: Hygiene. Nur zu gern verreisen wir mit Desinfektionsmitteln im Gepäck, weil die Sauberkeit in ausländischen Hotels nicht unseren «deutschen» Maßstäben entspricht – so jedenfalls unsere Sorge. Dabei macht es doch – Hand aufs Herz – keinen großen Unterschied, ob die Toilettenbrille, die man hochklappt, um nach einem feuchtfröhlichen Gelage schnellstmöglich die überschüssige Sangria wieder loszuwerden, desinfiziert ist oder nicht. Ganz zu schweigen davon, dass ein täglicher Wechsel der Unterwäsche und das Händewaschen nach dem Toilettengang längst nicht für jeden selbstverständlich zu sein scheinen.

Oder unser Umweltbewusstsein: Einerseits schreiben wir Umweltschutz ganz groß, andererseits beherrschen viele von uns nicht einmal das kleine Einmaleins der Mülltrennung: «Wo kommt noch mal die leere Erbsendose rein? Ach ja, klar, Erbsen! Muss Biomüll sein...» So viel zu der Medaille als globaler Vorreiter für Nachhaltigkeit, die wir uns so gerne selbst an die Brust heften.

Oder werfen wir einen Blick auf unsere «urdeutschen» Nahrungsmittel, Kartoffeln und Schnitzel, die sich bei genauerem Hinsehen als Nahrungsmittelimmigranten enttarnen. Die Kartoffel kam erst durch die Konquistadoren nach Europa, und «unser» Schnitzel besitzt den berühmten Wiener Schmäh, den die Alpländer für sich beanspruchen und nicht an uns «Preußen» abgeben wollen. Dafür kriegen wir von den Österreichern allzu gern Hitler als bösen Vorzeige-Deutschen geschenkt.

Solcherlei Widersprüche begleiten uns treu.

Oder, um es mit Shakespeare zu sagen: Sauber oder Saubär, das ist hier die Frage!

Reinlich muss es sein

Mit den Rückholbändchen aller in einem Jahr in Deutschland produzierten o.b.-Tampons könnte man **20-mal** die Erde umwickeln.

Ein Taschentuch mehrmals zu benutzen ist für **60 %** der Bevölkerung ein absolutes No-Go.

Körperbehaarung?
87 % der Frauen und **59 %** der Männer rasieren sich die Achseln.

14 % der Männer sind sogar an den Beinen rasiert.

Fast jeder **fünfte** Mann trägt seine Unterhose länger als einen Tag.

Zwei Drittel von uns duschen jeden Tag: und zwar statistisch **5** Minuten lang, während **75** Liter Wasser durch den Brausekopf rauschen.

3 Jahre unseres Lebens verbringen wir auf dem Klo.

Durchschnittlich verbrauchen wir **8,6** Blätter Toilettenpapier pro «Sitzung».

Das **erste** Toilettenpapier kam in Deutschland 1928 auf den Markt.

About Schmidt: **40,4 %** der Frauen und fast **25 %** der Männer vermeiden den direkten Kontakt mit Türgriffen oder Kopfstützen in Bus und Bahn.

Jede **fünfte** Frau und jeder **achte** Mann versuchen, das Händeschütteln zur Begrüßung oder zum Abschied zu vermeiden.

Irgendwie nachvollziehbar: Denn jeder **zehnte** Mann wäscht sich nach dem Toilettengang nicht die Hände.

Fast **eine Million** Menschen in Deutschland benutzen – vielleicht deswegen – täglich Desinfektionsmittel.

10 000 bis **15 000** Menschen sterben in deutschen Krankenhäusern jährlich infolge multiresistenter Keime.

Mampf und Schluck

101 Minuten am Tag verbringen wir mit essen und trinken.

Apropos trinken: Was kippen wir uns in einem Jahr denn so alles hinter die Binde?

92 Liter Milch
140 Liter Mineralwasser
1 Liter Gemüsesaft (allein in den Fliegern der Lufthansa werden jedes Jahr 1,6 Millionen Liter Tomatensaft ausgeschenkt)
148 Liter Kaffee
27,5 Liter Tee
110 Liter Bier
20 Liter Wein
fast **4** Liter Sekt
sowie **5,6** Liter harten Alkohol

Nach Schätzungen der Guinness-Brauerei in Irland bleiben jährlich rund **93 000** Liter Bier in den Bärten britischer Biertrinker hängen ...

... wie viel Bier wohl in deutschen Bärten hängen bleibt?

9,5 Millionen Menschen in Deutschland konsumieren Alkohol in gesundheitlich riskanter Form.

Etwa **1,3** Millionen Personen gelten als alkoholabhängig.

Jeder deutsche Haushalt gibt pro Monat **337** Euro für Getränke, Nahrungsmittel und Tabakwaren aus.

Das sind gerade einmal **10,13 %** des durchschnittlichen Einkommens ...

... bei in Deutschland lebenden Türken sind es hingegen **25 %**.

Veränderung der Essgewohnheiten in Deutschland in den letzten 20 Jahren:
– 17,8 % Fleisch
+ 35 % Gemüse
+ 15,3 % Fisch

7,75 Millionen Menschen in Deutschland ernähren sich mittlerweile vegetarisch ...

... 1983 waren es nur **0,6** Millionen.

75 240 Restaurants
11 043 Cafés
31 086 Imbissstuben
und **2257** US-Fast-Food-Läden gibt es in
Deutschland.

Durchschnittlich geben wir dort **48,50** Euro im Monat aus.

110 Kugeln Eis schlecken wir pro Jahr.

Hinzu kommen **93** Tafeln Schokolade à **100 g**.

Anscheinend lieben wir es süß: **131 g** Zucker nehmen wir jeden Tag zu uns ...

... während die Empfehlung der Weltgesundheitsorganisation WHO bei maximal **25 g** pro Tag liegt.

Hatschi! – Gesundheit!

Der durchschnittliche Body-Mass-Index (BMI) deutscher Männer beträgt **27,2**, während die holde deutsche Weiblichkeit, die offenbar mehr auf ihre Figur achtet, auf einen BMI von «nur» **25,7** kommt.

Ach ja, ab einem BMI von **25** gilt man als übergewichtig.

Wir gehen durchschnittlich **10-mal** im Jahr zum Arzt …

… die Hälfte aller Arztbesuche entfällt allerdings auf nur **16 %** der Patientinnen und Patienten.

Im Durchschnitt fällt jede bzw. jeder Berufstätige krankheitsbedingt **1,2-mal** im Jahr mit durchschnittlich **17,4** Fehltagen aus.

470 400 Ärztinnen und Ärzte sowie **1996** Krankenhäuser mit über **500 671** Betten gibt es in Deutschland.

8,83 Millionen Menschen sind in Deutschland privat krankenversichert.

80 000 sind überhaupt nicht krankenversichert.

2 Millionen von uns haben eine panikartige Angst vor Ärztinnen und Ärzten, auch Latrophobie genannt.

3,6 Millionen Deutsche gehen jeden Tag in eine unserer **20 662** Apotheken.

Insgesamt geben wir privat **506** Euro im Jahr für Medikamente aus.

Suchtproblem in Deutschland: **1,5** bis **1,9** Millionen Personen gelten als medikamentenabhängig, **zwei Drittel** davon sind Frauen.

39,2 % der Bevölkerung haben in den letzten zwölf Monaten ein Antibiotikum eingenommen.

30 % der verschriebenen Antibiotika sind unnötig.

Jute statt Plastik

95 % der Deutschen sind der Meinung: Umweltschutz ist wichtig!

Komischerweise halten **31 %** die Sorge um die Umwelt aber auch für übertrieben.

Dabei schafft Ökologie Arbeitsstellen: **4,8 %** der deutschen Arbeitnehmerinnen und Arbeitnehmer sind im Umweltschutz beschäftigt.

Umweltschutz-Weltmeister?
Wir produzieren mit **614** Kilogramm Müll pro Kopf im Jahr fast doppelt so viel wie die Japaner.

81,6 Kilogramm Lebensmittel wirft jeder von uns jährlich weg, wovon **53** Kilogramm leicht zu vermeiden wären.

1,6 Millionen von uns trennen niemals Müll.

Und die, die es machen?
Können offensichtlich noch dazulernen: **40 %**
des Mülls in der Gelben Tonne gehören da
eigentlich gar nicht rein!

Dafür wird in kaum einem Land mehr Altpapier
gesammelt als bei uns in Deutschland.

Aus gutem Grund: Deutschland verbraucht mit
jährlich **253** Kilogramm pro Kopf so viel Papier
wie die Kontinente Afrika und Südamerika
zusammen.

Fast ein Drittel der Fläche Deutschlands
ist von Wald bedeckt, in dem es nur so von Wild-
tieren wimmelt.

3 991 740 Tiere wurden in der Jagdsaison
2013/14 geschossen, darunter **1 151 356** Rehe,
380 494 Füchse und **96 161** Waschbären.

22 % der Kinder in Deutschland haben noch
nie ein Reh in freier Natur gesehen.

Energiewende?
27,4 % unseres Stroms stammen aus erneu-
erbaren Energien.

So viel grüner Strom muss ja auch irgendwie
verbraucht werden: In der Weihnachtszeit
leuchten **8,5** Milliarden kleine Lämpchen in
verschiedensten Weihnachtsdekorationen und
verbrauchen dabei **500** Millionen Kilowatt-
stunden Strom ...

... damit könnte man sage und schreibe
140 000 Haushalte ein Jahr lang komplett
mit Strom versorgen.

Der Deutsche trägt sein Herz am rechten Fleck.

Kein Schatten verfolgt uns so hartnäckig wie der des Nationalsozialismus.

Nach 1945 haben wir zunächst versucht, dieses dunkle Kapitel unserer Geschichte kurz und schmerzlos abzuschließen, indem wir uns in eine Art gesellschaftliche Demenz flüchteten und gewissermaßen einen allumfassenden Reset-Knopf drückten.

Anschließend galt: Vor 1945 war alles schlecht, danach war alles gut. Die bösen Deutschen lebten vor dieser schicksalhaften Datumsgrenze, die guten danach. Und die hatten natürlich von allem nichts gewusst, nie mitgemacht und sowieso zwölf Jahre lang das Haus nie verlassen. Jawoll, ab jenem Zeitpunkt waren wir lupenreine Demokraten.

Dass viele Richter, Beamte, Polizisten, Professoren, der Verfassungsschutz sowie allerlei führende Köpfe der deutschen Wirtschaft vor und nach 1945 dieselben waren und der neue, deutsche *Rechts*staat durchaus etwas Schlagseite nach Steuerbord hatte – Schwamm drüber.

Aber wie lange kann man sich selbst belügen? Die Kinder und Enkel der NS-Generationen haben diese Vogel-Strauß-Taktik nicht länger hingenommen. Der

68er-Generation haben wir es zu verdanken, dass in Deutschland eine gründliche Aufarbeitung der Vergangenheit stattgefunden hat und noch immer stattfindet. Es gab sogar eine Zeit, als ich mich schon besorgt fragte, wann wohl die vierteilige Dokumentationsreihe *Hitlers Kinderkrankheiten – von Mumps bis Masern* ins Fernsehen kommt.

Ich bin zwar felsenfest überzeugt davon, dass wir durch unsere Geschichte wie kein anderes Land gegen die Infektionskrankheit Rechtsradikalismus geimpft sind, dennoch müssen wir uns beständig gegen diesen Erreger zur Wehr setzen: Denn es wird immer welche geben, die nach gewalttätigen Angriffen auf Asylbewerberheime triumphierend vor Kameras posieren, eingenässte Jogginghose und Hitlergruß inklusive. Wer meint, seine Heimat auf diese Art und Weise – vermeintlich – verteidigen zu müssen, hat allerdings eines noch nicht realisiert: Wir sind eine Einwanderungsgesellschaft! Wovon man sich übrigens, bei Bedarf, beim Durchqueren der Bahnhofshalle jeder beliebigen deutschen Großstadt überzeugen kann.

Schon heute hat jeder fünfte Deutsche einen Migrationshintergrund. Und das ist auch gut so. Jede Minute erblickt eine neue Deutsche bzw. ein neuer Deutscher das Licht der Welt, während 1,2 sterben. Das bedeutet zwangsläufig, dass es – eine gleichbleibende Entwicklung vorausgesetzt – in 40 Jahren 13 Millionen Deutsche weniger geben wird. Das Boot ist also gar nicht voll, ganz im Gegenteil, es wird immer leerer. «Der Deutsche» wäre ohne Immigration eine aussterbende Art, die unter Naturschutz gestellt werden und für deren Erhalt man weltweit unter dem herzergreifenden Slogan «Rettet die Deutschen!» auf die Straße gehen müsste.

Nein, Freunde, es ist, wie es ist: Deutschland verändert sich. Macht das Angst? Klar. Birgt das Chancen? Auf jeden Fall.

In diesem Sinne möchte ich hier noch kurz folgende Anekdote erzählen:

Ein US-amerikanischer Journalist wird 1939 nach einem Deutschlandbesuch von seinen Kollegen in New York gefragt, wie denn die Deutschen so seien. Nach kurzem Zögern antwortet er: «Die Deutschen sind intelligent, ehrlich und nationalsozialistisch! Doch niemals treffen alle drei Eigenschaften gleichzeitig zu! Sind sie intelligent und nationalsozialistisch, dann sind sie nicht ehrlich. Sind sie intelligent und ehrlich, dann sind sie nicht nationalsozialistisch. Und sind sie ehrlich und nationalsozialistisch, dann sind sie nicht intelligent.»

Rechtslastig – Ausländer-
feindlichkeit und Holocaust

8 152 968 Menschen ohne deutschen Pass
leben in Deutschland.

29 % der Deutschen finden, dass man diese in
Deutschland lebenden Ausländerinnen und Ausländer ruhig wieder wegschicken könnte, sollten
hier die Arbeitsplätze knapp werden.

11 % finden, dass in Deutschland sowieso zu
viele Menschen leben, die nicht die deutsche
Staatsangehörigkeit besitzen ...

... in den neuen Bundesländern sind es sogar
16 % – und das, obwohl dort nur **5 %** aller
Ausländer wohnen.

Es gibt etwa **21 000** Rechtsextreme in
Deutschland, darunter **5600**, die offiziell als
Neonazis gelten.

Jeder **fünfte** Deutsche kann sich vorstellen,
eine Partei rechts von CDU / CSU zu wählen.

25 % von uns sind allen Ernstes der Meinung, die NS-Diktatur habe auch ihre guten Seiten gehabt.

«Es gibt keine deutsche Identität ohne Auschwitz», hat Bundespräsident Joachim Gauck erklärt ...

... nur leider können **20 %** der unter 30-Jährigen mit dem Namen des ehemaligen Vernichtungslagers nichts anfangen.

5 % der Österreicher leugnen den Holocaust ...

... in Deutschland gibt es keine entsprechende Statistik.

43 % der Deutschen haben noch nie eine KZ-Gedenkstätte besucht.

13 % sind der Ansicht, Juden haben in unserer Gesellschaft zu viel Einfluss.

Und sage und schreibe **65 %** finden nicht, dass wir aufgrund unserer Geschichte eine besondere Verantwortung gegenüber anderen Völkern haben.

Migration – Multikulti ist eine Tatsache

In Deutschland leben Menschen aus
190 Nationen ...

... nur aus **4** Staaten auf der Erde wohnen keine Menschen bei uns: den Marshallinseln, Mikronesien, Palau sowie Timor-Leste, auch bekannt als Osttimor.

20,3 % aller Deutschen haben einen Migrationshintergrund, bei den Kindern unter 5 Jahren sind es sogar **34,5 %**.

81 % der Deutschen mit Migrationshintergrund sagen: «Ich liebe Deutschland!»

Mit einem türkisch klingenden Namen verringern sich die Chancen, zu einem Vorstellungsgespräch eingeladen zu werden, um **14 %**.

Die Arbeitslosigkeit unter Zuwanderern und ihren Kindern ist **anderthalbmal** so hoch wie unter Einheimischen.

68 % der Westdeutschen sowie **38 %** der Ostdeutschen zählen Ausländer zu ihrem Freundeskreis ...

... in Westdeutschland hat sich dieser Wert in den letzten 35 Jahren **vervierfacht**.

44 961 Ehen wurden 2014 zwischen einer bzw. einem Deutschen und einer/einem Ausländer geschlossen ...

... das sind über **11 %** aller in dem Jahr gegebenen Eheversprechen.

57 % der Deutschen empfinden den Islam als Bedrohung.

15 % der strenggläubigen Muslime in Deutschland hegen eine starke Abneigung gegenüber dem Westen und zeigen keinerlei Integrationstendenz.

67 % der wenig religiösen, aber auch **40 %** der sehr religiösen Muslime in Deutschland sprechen sich jedoch für gleichgeschlechtliche Ehen aus.

Und **90 %** aller Muslime in Deutschland – darunter also auch die strenggläubigen – stimmen der Aussage zu, die Demokratie sei eine gute Regierungsform.

Politik – wir und unsere lieben Volksvertreter

Jeder **elfte** Deutsche glaubt: Es gibt eine bessere Regierungsform als die Demokratie!

Anzahl der Demonstrationen in Berlin im Jahr 2014: **4950**.

Knapp die Hälfte meint, es bringe überhaupt nichts, sich politisch zu engagieren.

Nur bei **24 %** von uns genießen Politikerinnen und Politiker ein hohes Ansehen ...

... nur die Mitarbeiter von Telefongesellschaften (**19 %**), Werbeagenturen (**15 %**) und Versicherungen (**12 %**) erreichen noch geringere Werte.

Eigenschaften, die wir Deutschen unseren Politikern zuschreiben:
63 % sagen vor allem das, was andere hören wollen,

58 % sind auf den eigenen Vorteil bedacht,
43 % zeichnen sich durch Realitätsferne
aus ...

... und das ist unser Eindruck, obwohl **70 %** von uns weder eine Politikerin noch einen Politiker persönlich kennen.

49,6 Jahre ist das Durchschnittsalter unserer Bundestagsabgeordneten.

Die größte Berufsgruppe stellen Juristen und Steuerberater mit insgesamt **92** Parlamentariern.

2012 wurden im Deutschen Bundestag **3429** Reden zu **789** Tagesordnungspunkten gehalten.

21 Tage und **2** Stunden müsste man sich Zeit nehmen, um sich alle Plenarsitzungen des Deutschen Bundestages eines Jahres noch einmal anzusehen, ohne Pause wohlgemerkt.

1111 Hausausweise ermöglichen Lobbyisten ständigen Zugang zum Bundestag.

156 Bundestagsabgeordnete haben vom 1. November 2013 bis zum 30. Juni 2015 Nebeneinkünfte in Höhe von insgesamt **11,6** Millionen Euro gemeldet ...

... sechs von ihnen haben in besagtem Zeitraum jeweils mehr als **500 000** Euro an Nebeneinkünften erzielt.

Tatort Deutschland

2014 wurden in Deutschland jeden Tag durchschnittlich **16 663** Straftaten begangen.

2 149 504 Tatverdächtige wurden erfasst,
davon waren **25,7 %** Frauen. Bei **68 295**
handelte es sich um Kinder unter 14 Jahren.

Die häufigsten Straftaten mit einem Anteil von
über **40 %**: einfacher und schwerer Dieb-
stahl.

Es wurden **282 241** Fahrräder und **2159**
Handtaschen gestohlen ...

... **177** Handtaschen gehörten übrigens
Männern

Die Aufklärungsquote der Polizei lag bei insgesamt **54,9 %** ...

... sie variierte aber stark je nach Delikt: Nur
15,9 % aller Wohnungseinbrüche und **27,5 %**
aller Autodiebstähle konnten aufgeklärt werden,
dafür aber stolze **96,5 %** aller Mordfälle.

Apropos: **297** Personen wurden 2014 ermordet.

Die meisten Ermordeten waren zwischen **50** und **60** Jahre alt.

Und, nein, der Mörder ist eben nicht immer der Gärtner, sondern meistens ein Familienmitglied.

Insgesamt ist die Anzahl aller Delikte in den letzten zehn Jahren um **10 %** zurückgegangen.

Trotzdem überwiegt bei der Mehrheit der Deutschen das Gefühl, die Kriminalität nehme zu.

In den letzten 35 Jahren hat sich die Anzahl privater Sicherheitsdienste auf stattliche **4000** verachtfacht.

185 000 Personen arbeiten mittlerweile im privaten Sicherheitssektor.

Noch sind die **243 982** Polizistinnen und Polizisten aber in der Überzahl.

18 587 legale Waffenscheine sind registriert ...

... allerdings sollen rund **20** Millionen Waffen illegal im Umlauf sein.

Ich bin Deutscher, nein, Europäer – Quatsch, jetzt hab ich's: Ostwestfale!

In welchen Vereinen sind Sie denn so Mitglied? Im Fußballverein? Beim Walking-Treff? Vielleicht in einer Kegelrunde? Oder in einer Tai-Chi-Gruppe? In einem Auto- und Motorradclub? Oder gehen Sie mit Freunden regelmäßig essen?

Wir sind nun einmal Rudeltiere. Robinson Crusoe mag es sich in seinem Einsiedlerleben halbwegs gemütlich eingerichtet haben, aber so richtig happy war auch der erst, als Freitag endlich aufkreuzte. Machen wir uns nix vor: Wir brauchen den sozialen Umgang mit anderen. Und klar, wir identifizieren uns mit unserer jeweiligen Gruppe.

Wenn die 4a und die 4b der Grundschule von Hintertupfingen in der großen Pause gegeneinander Fußball spielen, sind die Fronten glasklar – die allerdings ganz schnell ins Wanken geraten, sobald «unsere» Schule bei Sportwettkämpfen gegen eine andere antritt. Ob man in Köln oder Düsseldorf wohnt, kann schnell zur Glaubens- und manchmal auch zur Überlebensfrage werden, spätestens dann, wenn man versucht, in der Düsseldorfer Altstadt ein Kölsch zu bestellen. Kommt jedoch ein Bajuware ins Spiel, spielt es keine Rolle mehr, ob man im Konfettiregen an Karneval «Alaaf!» oder «Helau!» schreit. Dann steht man umgehend zusammen und zieht dem Bayern gemeinsam die Lederhosen aus. Doch selbst mit dem liegt man sich glückselig weinend in den Armen, wenn Deutschland Fußballweltmeister wird.

Und wenn wir das weiterdenken, wird eins klar: Um drohende Konflikte zwischen zwei Gruppen zu entschärfen, reicht es meistens, die Gruppenzugehörigkeit in einem größeren Rahmen neu zu denken. Ja, ich glaube, ich höre schon sanft eine Sitar erklingen, während ein Satz, wieder und wieder leise gemurmelt, wie ein Mantra durch die Luft schwebt: «Alle Lebewesen sind gleich, ommm.»

Das könnte allerdings auch mal jemand der Mücke sagen, die mich seit 2 Uhr 41 mit ihrem nervtötenden Summen terrorisiert. Aber hey, wir beide sind Lebewesen. Wir beide leben auf der Erde. Wenn man's also mal so betrachtet, sind wir Mitglieder derselben Gruppe. Wir haben einfach nur abweichende Vorstellungen von Nachtruhe, ommm … Ach, scheiß drauf! Verreck, du Blutsauger!

Irgendwo hört bei jedem die Akzeptanz auf. Und viele von uns ziehen diese Grenze schon viel eher. Toleranz predigen und tolerant handeln sind halt zwei Paar Schuhe – die definitiv nicht im selben Schrank stehen.

Klare Kante – Stellung beziehen oder lieber politisch korrekt sein

Welcher Wert uns in der Erziehung unserer Kinder am wichtigsten ist? Ehrlichkeit.

Aber nur **22 %** der Frauen und **14 %** der Männer finden, man solle nie lügen.

77 % der Deutschen sind der Ansicht, dass es zu einer Freundschaft gehört, einander ehrlich die Meinung zu sagen.

41 % der Männer würden lügen, um eine Beziehung zu retten.

Im Durchschnitt wird jeder von uns alle **8** Minuten belogen.

«Dein Essen schmeckt echt super, Schatz!»:
41 % lügen, um sich Ärger zu ersparen.

Die liebste Lüge der Männer: «Ich hab kaum was getrunken!» ...

... und die der Frauen: «Alles okay. Mir geht es
gut!»

90 % der Internet-Profile sind teilweise erlo-
gen – meist in Bezug auf das Alter, das Gewicht
und den Familienstand.

13,2 % von uns tun manche Dinge nur des-
halb, weil auch ihre Freunde oder Bekannten sie
tun: Sie möchten mithalten und dazugehören.

40 % der Deutschen trauen sich nicht, ihre
Ängste und Sorgen bezüglich der Flüchtlings-
krise offen auszusprechen, weil sie befürchten,
sonst als politisch rechts abgestempelt zu
werden.

Lügenpresse? In der weltweiten Rangliste der
Pressefreiheit kommt Deutschland auf Platz **12**
von insgesamt **180** Staaten.

Gemeinschaftssinn vs. Egoismus

7 406 751 000 Euro stehen dem Bundesministerium für wirtschaftliche Zusammenarbeit und Entwicklung (BMZ) als Etat für 2016
zur Verfügung.

Im selben Zeitraum gewährt Vater Staat der
Wirtschaft etwa dreimal so viel, das heißt
22 935 000 000 Euro, an Finanzhilfen
und Subventionen.

22,4 Millionen Deutsche spenden jährlich.

Umgerechnet auf alle, spendet jede bzw. jeder
von uns durchschnittlich **6,2-mal** im Jahr
und dabei jeweils rund **36** Euro.

38 % geben Menschen, die um eine milde
Gabe bitten, hin und wieder etwas Geld.

49,4 % finden hingegen, Betteln sollte in
Deutschland grundsätzlich verboten werden.

Vor die Wahl gestellt, was ihnen wichtiger ist,
entscheiden sich **37 %** der Deutschen für

Gleichheit und soziale Gerechtigkeit, während **46 %** die Freiheit des Einzelnen höher bewerten.

24 % der Männer zwischen 14 und 25 werden dem Wertetyp «Materialist» zugeordnet, nur **20 %** dem sogenannten «Idealisten» …

… bei den Frauen im gleichen Alter sind immerhin **30 %** «idealistisch» und nur **14 %** «materialistisch».

40 % von uns sind ehrenamtlich tätig.

Nur **3 %** der Deutschen spenden Blut.

Aber **80 %** sind einmal im Leben auf eine Blutspende angewiesen.

Jeder dritte Deutsche hat schon einmal einen Betrag von mehr als **1000** Euro privat verliehen …

… obwohl die Chancen, es problemlos zurückzubekommen, selbst bei einer Freundin bzw. einem Freund nur bei **48 %** stehen.

Ich glaube an ... ja, woran denn eigentlich?

79 % der Deutschen sehen in materieller Zufriedenheit die Basis für privates Glück.

Dementsprechend verwundert es nicht: Die zahlenmäßig größte «Glaubensgemein-schaft» stellen die Konfessionslosen mit etwa **27 500 000** Personen ...

... gefolgt von

Römisch-Katholischer Kirche:
23 939 472 Personen

Evangelischen Landeskirchen:
23 040 392 Personen

Muslimen: **4 500 000** Personen

Orthodoxen, orientalischen und unierten Kirchen: **1 530 000** Personen

Buddhisten: **270 000** Personen

Juden: **140 437** Personen

Hindus: **100 000** Personen

Es gibt aber auch wirklich schrille «Paradies-vögel» unter den Glaubensgemeinschaften, zu denen ohne Frage die **Kirche des Fliegenden Spaghettimonsters** Deutschland e.V. mit ihren 150 Mitgliedern zählt.

Obwohl die größte Gruppe konfessionslos ist, bezeichnen sich nur **17 %** der Deutschen als Atheisten.

Dabei zeigen sich je nach Parteipräferenz bemerkenswerte Unterschiede:

Die Linke **32 %**

Die Piraten **31 %**

SPD **17 %**

Die Grünen **16 %**

FDP **15 %**

CDU / CSU **9 %**

Ähnliche Unterschiede zeigen sich auch hinsichtlich des Bildungsniveaus der «Gottes-leugner»:

ohne berufsqualifizierenden Abschluss: **25 %** Atheisten

Hochschulabsolventen: **17 %** Atheisten

1,3 Millionen Deutsche sind hingegen Kreatio-
nisten, das heißt, sie nehmen die Bibel wort-
wörtlich und lehnen die Evolutionstheorie ab.

Die Mehrheit der Deutschen liest gerne
Horoskope, und **15 %** glauben fest daran:
Die Zukunft steht in den Sternen.

An das Schicksal glauben sowohl **66 %** der
Frauen als auch **42 %** der Männer ...

... sowie erstaunlicherweise auch **17 %** der
Atheisten, gleich, welchen Geschlechts.

13 % von uns glauben an Ufos ...

... und **34 %** sind der Meinung, dass die
Behörden nicht die Wahrheit über Kontakte mit
Außerirdischen sagen.

Europa, EU und Euro

74 % der Deutschen fühlen sich als Europäerin oder Europäer.

Den europäischen Staatenverbund EU empfindet die Mehrheit jedoch eher als lästige Notwendigkeit.

59 % sind sogar sehr skeptisch und sagen: «Ich traue der EU nicht!»

60 % meinen dessen ungeachtet: «Trotz aller Schwierigkeiten, die wir zurzeit in Europa haben, gehören wir Europäer letzten Endes zusammen.»

45 % von uns halten den Frieden zwischen den Mitgliedstaaten immer noch für die größte Errungenschaft der europäischen Einigung.

Die Mehrheit der Deutschen ist gleichzeitig aber auch davon überzeugt, dass der Euro mehr Nachteile als Vorteile mit sich gebracht hat.

47 % der Deutschen rechnen die Preise beim Einkaufen immer noch von Euro in D-Mark um.

Selbst in der Gruppe der 18- bis 29-Jährigen, die den überwiegenden Teil ihres Lebens mit dem Euro verbracht haben, macht das jeder **Fünfte**.

Was fällt uns am häufigsten zum Wort «Europa» ein? Bürokratie.

Jeder **Vierte** glaubt, Deutschland sollte aus der EU austreten.

Karriere über alles

«Mein Haus, mein Auto, mein Boot!»

Auch dieses Zitat aus einem alten Werbespot spiegelt mehr als treffend das Lebensgefühl zum Zeitpunkt der Ausstrahlung Mitte der 1990er Jahre wider. Die Aufzählung war nicht nur ein Versprechen, sondern vor allem auch eine Selbstinszenierung, die der hochzufriedene Kunde des werbenden deutschen Kreditinstituts genüsslich zelebrierte. Eine Elektronikmarktkette drehte die Idee später um und demokratisierte sie auch für die nicht so Betuchten, indem sie nicht ganz so arrogant, dafür aber umso dümmer «Geiz ist geil» propagierte.

Beide Slogans haben eins gemeinsam: Aus Descartes' philosophischem «Ich denke, also bin ich» ist ein profanes «Ich besitze, also bin ich» geworden, das darüber hinaus der zweifelhaften Logik folgt: «Je mehr ich besitze, desto mehr bin ich.» Was man diesem Credo noch Positives abgewinnen kann? Vielleicht die Tatsache, dass Werte in unserer Gesellschaft immer noch etwas zählen, wenn auch nicht unbedingt die moralischen.

Womöglich ist diese Überbetonung von Besitz und materiellen Werten zumindest einer der Gründe dafür, dass jede bzw. jeder Deutsche hin und wieder sechs Zahlen auf einem Lottozettel ankreuzt und dafür pro Monat durchschnittlich 7,01 Euro ausgibt. Wenn man jedes Mal eine Reihe spielt, muss man statistisch auch nur an 140 Millionen Lottoziehungen teilnehmen, dann klappt das schon mit dem Geldregen. Kleiner Haken: Das kann im schlimmsten Fall schon mal ein paar Milliönchen Jahre bis zu den Milliönchen auf dem Konto dauern.

Tja, das mag jetzt eine bittere Erkenntnis sein, aber fürs schnöde Fußvolk führt der Weg zum Geld nun mal über Arbeit. Und damit wir auch ja immer früher an die mit mehr oder weniger Geld gefüllten Futtertröge des Arbeitslebens herangeführt werden, wird regelmäßig das Schulsystem überarbeitet. Natürlich nur, damit die Kinder noch besser lernen. Rechtschreibreform hin, Rechtschreibreform her. Zuerst Abitur nach neun Jahren weiterführender Schule (G9), dann nach acht Jahren(G8), nein, halt, Moment mal; vielleicht lieber doch wieder G9? Ja, was denn nun?

Da schmeiß ich doch einfach mal die nächste Alternative in den Raum: G13. Aber die gibt es ja irgendwie auch schon längst: Ohne die Auszeit, die viele durch Zivil- und Wehrdienst früher nehmen mussten, wechseln mittlerweile über 50 % der Abiturienten an die Uni – wo die heutigen Abschlüsse Bachelor und Master auf mich doch eher wie eine verschulte Berufsausbildung wirken statt wie ein eigenverantwortliches Studium, bei dem auch mal über den Tellerrand geblickt und der eigene Horizont erweitert wird.

Von welchem Träumer stammt noch mal die Weisheit, das Leben sei die beste Schule? Ach egal, keine Zeit! Mein Haus, mein Auto, mein Boot warten ja auf mich!

Die Quadratwurzel aus 4 315 366 ist ...?

11,1 Millionen Schüler drücken gerade die Schulbank.

Jede bzw. jeder **zehnte** von ihnen gibt zu, bei Klassenarbeiten mit Hilfe des Smartphones zu schummeln.

4 % der Lehrer korrigieren diese Arbeiten anschließend im Bett.

5,9 % eines Jahrgangs verlassen die Schule ohne Abschluss ...

... während die Hälfte ein Studium antritt.

2005 waren es nur **36 %**.

Im Wintersemester 2014/15 waren **2 698 910** Studenten an deutschen Unis eingeschrieben, die von **45 749** Professorinnen und Professoren unterrichtet wurden.

Die zahlenmäßig beliebtesten Studiengänge
sind:

1. Rechts-, Wirtschafts- und Sozialwissenschaften
2. Ingenieurswissenschaften
3. Sprach- und Kulturwissenschaften

Medizinstudenten verwenden mit **43,3** Stunden in der Woche am meisten Zeit aufs Lernen …

… die der Sozialwissenschaften meinen, mit
27,2 Stunden sei es auch getan.

28 147 Personen promovierten 2014 und
erhielten einen Doktortitel.

Häufigster Schulabschluss in der deutschen
Bevölkerung ist aber der Hauptschulabschluss.

46,1 % der Kinder von Eltern mit einem Hauptschulabschluss gehen ebenfalls auf eine Haupt-
schule, nur **8,9 %** besuchen ein Gymnasium.

53 % sagen rückblickend, sie seien gerne zur
Schule gegangen.

Ich weiß, dass ich nichts weiß

Fast jeder **zehnte** Deutsche kann weder richtig lesen noch schreiben, ist also Analphabetin bzw. Analphabet.

20 % der Schulabgänger in Deutschland sind nicht in der Lage, einen Text zu lesen und ihn komplett zu verstehen.

Zugriffe auf die deutschsprachige Wikipedia-Seite: über **23 000** pro Minute.

Fast jeder **Vierte** fasst nie ein Buch an.

Innerhalb der letzten 20 Jahre hat sich die Auflagenstärke deutscher Tageszeitungen fast **halbiert**.

Mehr als **50 %** eines Jahrgangs beginnen zu studieren, aber nur **30 %** schließen das Studium auch ab.

53 % der Deutschen wissen nicht, wie man «Grießbrei» schreibt.

Nur **55 %** kennen ihre eigene Handynummer
auswendig.

24 % der Schülerinnen und Schüler aller
neunten und zehnten Jahrgänge sind sich sicher:
Nazi-Deutschland war keine Diktatur!

Jeder **neunte** Deutsche findet die Themen in
der Tagesschau zu «kompliziert».

Der durchschnittliche Intelligenzquotient in
Deutschland scheint zu sinken ...

... ein Problem, das allerdings auch andere
Länder betrifft.

Geil auf Karriere

45 % der Jugendlichen finden Männer in großen Autos sympathisch.

Jeder **dritte** Mann glaubt, Frauen mit Geld beeindrucken zu können.

Vielleicht kommen deswegen auf einen Erstsemestler im Fach «Soziale Arbeit» gleich sechs Erstsemestler im Fach «Betriebswirtschaftslehre».

Das Einstiegsgehalt eines Akademikers liegt bei: **35 100** Euro.

Nach rund fünf Jahren Berufsleben zahlt sich ein Doktortitel im wahrsten Sinne des Wortes aus: Der Verdienst liegt **8 %** höher als ohne Doktortitel.

Von welchen Berufen haben wir eine positive Meinung:
Feuerwehrleute **95 %**
Ärzte **90 %**
Polizisten **84 %**

Lehrer **71 %**
Soldaten **58 %**
Anwälte **57 %**
Journalisten **47 %**
Bankangestellte **36 %**

Abgeschlagen auf dem letzten Platz:
Manager **29 %** ...

... deren Wert allein in den letzten 8 Jahren um
8 % gesunken ist.

Ein sicherer Job ist den 12- bis 25-Jährigen
wichtig bis sehr wichtig.

Jede bzw. jeder **zehnte** Angestellte hat aber
später nur einen befristeten Arbeitsvertrag.

1,1 Millionen Selbständige verdienen weniger
als den Mindestlohn von **8,50** Euro pro
Stunde.

Mein Leben, meine Arbeit

45 523 Euro brutto!
Das verdienen die Deutschen im Durchschnitt
pro Jahr bei Vollzeitbeschäftigung.

Unsere Arbeitswoche hat **35,3** Stunden.

Im Schnitt müssen wir **viermal** am Tag
während der Arbeit zur Toilette.

Der produktivste Arbeitstag ist: Dienstag.

Über **3** Millionen Deutsche haben einen
Zweitjob.

16 % arbeiten auch am Wochenende.

Jeder Dritte macht regelmäßig Über-
stunden ...

... im Durchschnitt **2,6** Stunden pro Woche.

18 % der Deutschen stoßen oft an ihre Leistungsgrenzen.

23 % machen keine Pausen.

Jeder Achte kommt sogar krank zur Arbeit.

Aber schließlich muss ja auch getratscht werden: **40** Minuten am Tag plaudern wir privat mit Kolleginnen und Kollegen.

Jeder Dritte weiß nicht mehr, wie er den beruflichen Ansprüchen gerecht werden soll.

Was vielleicht auch daran liegt, dass **60 %** des Onlineshoppings während der Arbeitszeit stattfinden.

6 Stunden in der Woche sitzen wir in Meetings ...

... aber **39 %** aller dabei formulierten Ziele werden niemals umgesetzt.

5 % von uns brauchen mehr als eine Stunde für ihren Arbeitsweg ...

... und verbringen somit **2 Jahre** in ihrem Leben nur damit, zur Arbeit hin- und wieder zurückzufahren. Na dann, allzeit gute Fahrt!

Olé ... olé, olé, olé ... wir sind die Champions ... olé!

Wir sind ganz groß!

Nur, in Deutschland darf man das bitte nicht laut sagen. Denn irgendwie sind wir verklemmt, wenn es um Erfolg geht, egal, auf welchem Gebiet. «Über Geld redet man nicht, man hat es!» Dieser Satz kommt auch nur einem Deutschen über die Lippen. Im Rest der Welt wird Reichtum mehr oder weniger offen zur Schau gestellt. Da wird geprahlt und geprotzt, da glitzern die Goldkettchen und funkeln die Brillanten. Aber bei uns? Lieber nicht, bevor wir womöglich wieder eine Neiddebatte vom nachbarschaftlichen, wenn nicht gar vom internationalen Gartenzaun der Nationen brechen.

Nein, wenn schon Erfolg, dann bitte schön in unverfänglichen Bereichen. Wie zum Beispiel bei den deutschen Domänen «Wirtschaft» und «Ingenieurswesen». Genau – irgendein Bauteil, das in irgendeiner Pumpe in irgendeinem verdeckt liegenden Ansaugschacht dafür sorgt, dass die Betriebslautstärke des fraglichen Geräts um 0,5 Dezibel sinkt. Ja, dafür steht Deutschland! Ein dreifaches Hoch auf das Land mit den höchsten Exportüberschüssen! «Made in Germany» als Qualitätssiegel – zumindest bis zum Abgasskandal.

Oder Fußball, der deutsche Volkssport Nummer 1. Nach 1945 stellt er – neben dem Wirtschaftswunder und «Schaffe, schaffe, Häusle baue» – ein Ventil für unser kastriertes Nationalbewusstsein dar. Öffentlich jubeln durften wir im Ausland erst wieder, als Deutschland mit Fußbällen Tore statt mit Granaten um sich schoss. Und als Deutschland 2006 das Sommermärchen ausrichtete und wir die Gelegenheit hatten, der Welt unser freundliches Gesicht zu zeigen, konnten wir endlich nach Jahrzehnten des erdrückenden Gefühls «ich muss mich schämen, Deutscher zu sein», auch wieder lautstark unsere Nationalhymne mitsingen – und zwar, ohne dafür gleich in die rechte Ecke gestellt zu werden.

Wenn ich heute bei der Nationalhymne gebannt dem Kameraschwenk über Neuer, Boateng, Müller, Özil, Can, Khedira und Hummels folge, dann spüre ich: Es hat sich etwas verändert in Deutschland. Vor 75 Jahren reichte ein Achtel sogenanntes «nicht arisches Blut», um ins KZ zu wandern, doch heute reichen schon 50 % deutsche Vorfahren, um ins Trikot der Nationalmannschaft zu schlüpfen.

Keine Frage, so einem Weltmeister jubele ich gerne zu. Olé, olé, wir sind die Champions! Olé!

Exportweltmeister – die deutsche Industrie

Seit 1953 befindet sich Deutschland immer in den Top Drei der Exportnationen.

Wir waren **Exportweltmeister** in den Jahren: 1986 bis 1988, 1990 sowie 2003 bis 2008.

Jeden Tag werden im Hamburger Hafen **26 575** Container umgeschlagen.

Womit beglücken wir andere Länder denn so? Klar: Über **1,5** Milliarden Liter Bier werden jährlich exportiert.

Aber wir führen natürlich auch andere Waren aus:
So werden etwa jede Sekunde **22** Kilogramm Waschmittel, **14** Zahnbürsten, **5145** Schrauben, **48** Kontaktlinsen und **9** Hühner ins Ausland verkauft.

Der Wert der gesamten Ausfuhren pro Sekunde
ergibt einen **80,76** Meter hohen Turm aus
Ein-Euro-Münzen.

Trotzdem sind **25 %** der Deutschen fest
davon überzeugt:
«Meine persönliche Situation wäre ohne
Globalisierung besser!»

Dabei hat der Export einen Anteil von **40 %** an
der deutschen Wirtschaftsleistung.

Anders gesagt: Jeder **vierte** Arbeitsplatz
hängt vom Export ab.

50 % von uns glauben jedoch, dass die Staats-
verschuldung in Deutschland ohne Globalisierung geringer ausfallen würde.

Die wichtigsten Exportmärkte für die deutsche
Wirtschaft im Jahr 2013:
Nach Frankreich gingen Waren im Wert von
100 579 839 000 Euro,
in die USA gingen Waren im Wert von
95 927 767 Euro,
nach Großbritannien Waren im Wert von
79 163 103 Euro.

Das Land, in das wir 2013 am wenigsten expor-
tierten: **Tuvalu** ...

... an den Inselstaat im Pazifik wurden nur Waren
mit einem Wert von gerade einmal **2000**
Euro verkauft.

Fußballweltmeister –
der deutsche Sport

König Fußball:
35 % der Bevölkerung verfolgen die Spiele
der deutschen Nationalmannschaft oder der
Fußball-Bundesliga mit «besonders großem
Interesse».

Aber nur **1,9 %** spielen selbst regelmäßig
Fußball ...

... wobei **66 %** dieser Freizeitkicker zu viele
Pfunde mit sich herum und über den Platz
tragen. **40 %** von ihnen sind sogar deutlich
übergewichtig.

52 % der Deutschen sind sowieso Sportmuffel
und Antisportler.

Mehr als **zwei Drittel** bewegen sich im
Alltag nicht einmal eine Stunde lang.

46 % verbringen **5** bis **8** Stunden am Tag im
Sitzen, **27 %** sogar noch mehr.

65 % der Frauen betreiben Sport aus Gründen der Gesundheit, nur **23 %**, weil es ihnen Spaß macht.

55 % der über 65-Jährigen meinen:
Zu einem Urlaub gehört, dass ich mich viel und intensiv bewege ...

... bei den 18- bis 25-Jährigen sind es hingegen nur **28 %**.

15 % glauben: «Ohne Sport geht es mir eindeutig besser als mit Sport!»

Nicht ganz von der Hand zu weisen, wenn man bedenkt: **1,25** Millionen Deutsche verletzen sich jährlich beim Sport so schwer, dass sie ärztlich versorgt werden müssen.

Und bei welchem Sport verletzen wir uns am häufigsten?
Klar, Fußball mal wieder, was denn sonst!

An welchen Körperteilen verletzen wir uns?

Sprunggelenk **27 %**

Knie **18 %**

Kopf **13 %**

Und was kostet uns der ganze Sportspaß?
Für Sportartikel und -kleidung gibt jeder Haushalt in Deutschland pro Monat **211** Euro aus!

Ingenieur- und Forschungswelt-
meister? – Das Land der Nerds

Deutschland ist weltweit führender Standort für Messen: Jährlich werden bis zu **180** Groß-messen durchgeführt, die **170 000** bis **180 000** Aussteller sowie rund zehn Millionen Besucher anziehen.

Dabei ist die deutsche Industrie gar nicht so perfekt, wie es ihr Ruf vermuten ließe: So wurden in Deutschland **24** Atomkraftwerke geplant bzw. gebaut, aber nie in Betrieb genommen.

«Wie peinlich», denken sich bestimmt die **211 315** Wissenschaftlerinnen und Wissen-schaftler, die in unserem Land leben.

94 031 Beiträge haben sie in über **12 000** Fachzeitschriften weltweit veröffentlicht.

Die USA lieben deutsche Ingenieure: **2200** deutsche Unternehmen mit über **800 000** Arbeitsplätzen gehören US-amerikanischen Muttergesellschaften, weil vor allem in den Branchen Maschinenbau, Elektrotechnik, Autoherstellung und Chemie das deutsche Technik-Knowhow als führend gilt.

In Europa erhalten deutsche Ingenieure mit durchschnittlich **45 000** Euro das höchste Einkommen zum Berufsstart.

33 139 Patente werden in Deutschland pro Jahr angemeldet.

81 Nobelpreise gingen bisher an Deutsche.

Nur **40 %** der Bevölkerung halten naturwissenschaftliche Fächer in der Schule für wichtig.

Vielleicht sind wir deswegen bei der Anzahl an Forschern je **1000** Einwohner nur Mittelmaß: In Deutschland sind es **8,2** ...

... weit hinter Finnland mit **16,1**, Israel mit **15** oder Portugal mit **11** Forschern je **1000** Einwohner.

Sparweltmeister – oder was mach ich mit meinem Geld?

44 769 Euro hat der Durchschnittsdeutsche auf der hohen Kante.

Aber wie passt das denn zusammen? Jeder Deutsche hat gleichzeitig auch **27 100** Euro Schulden.

Fast jeder zehnte Erwachsene ist überschuldet, das heißt, **6,7** Millionen Menschen in Deutschland können ihren Zahlungsverpflichtungen nicht mehr nachkommen.

Die Stadt mit der höchsten Schuldnerquote: Bremerhaven mit über **20 %** der Bevölkerung.

386 000 Deutsche sind hingegen glückliche US-Dollar-Millionäre.

881 Deutsche besitzen sogar mehr als **100** Millionen US-Dollar; das reicht für Platz **4** der Weltrangliste.

6,5 % der Deutschen haben ihr Geld in Aktien angelegt.

Über **50 %** besitzen immer noch ein Sparbuch, für das es im Moment schwindelerregende **0,11 %** Zinsen gibt.

Über **13** Milliarden D-Mark schlummern immer noch in etlichen deutschen Sparschweinen und unter diversen Kopfkissen.

10 % der Deutschen können von ihrem Einkommen nicht leben.

Bei weiteren **33 %** reicht es gerade so.

Jedes **fünfte** Kind gilt als arm.

Die Armutsgrenze liegt bei einem Einkommen in Höhe von **980** Euro netto für einen Einpersonenhaushalt und bei **2058** Euro netto für eine Familie.

Recht und Ordnung

Ganz genau!

Irgendwie haftet uns Deutschen immer dieses Image der pedantischen Korinthenkacker an. Was zugegebenermaßen nicht von ungefähr kommt: «Eltern haften für ihre Kinder» – diese Warnung wird einem in kaum einem anderen Land der Welt unter die Nase gerieben.

Über 30 000 DIN-Normen regulieren sämtliche Bereiche unseres Lebens. Jeder von uns erinnert sich an Schulhefte im DIN-A4- und DIN-A5-Format. Aber haben Sie schon mal etwas von DIN EN ISO 20126 gehört? Hinter diesem Zahlen- und Buchstabensalat verbirgt sich die sogenannte «Büschelauszugskraftprüfung». Bei der Zahnbürstenherstellung anscheinend sehr wichtig. Und dank DIN EN 38 kann ich sicher sein, dass mein deutscher Po auf jedes wandhängende Klosettbecken mit freiem Zulauf passt. Na, da hab ich aber Glück!

Aber nicht nur Normen, auch eine Flut an Gesetzen (maß)regeln unser Leben: Auf EU-Ebene gibt es hierzu 21 391 Verordnungen und Bestimmungen. In Deutschland gelten des Weiteren 1681 Bundesgesetze und 2711 Bundesverordnungen sowie ein Vielfaches davon auf der Landesebene. Darunter findet man bei genauerem Hinsehen auch sehr bemerkenswerte Richtlinien und Vorschriften für alle denkbaren Eventualitäten, wir sind ja gründlich: Wer zum Beispiel in Deutschland eine nukleare Explosion verursacht, muss mit einer Freiheitsstrafe von bis zu fünf Jahren oder einer Geldstrafe rechnen. Beruhigend, oder?

Für die Nudistinnen und Nudisten unter uns kann ich hingegen Entwarnung geben: In der Straßenverkehrsordnung gibt es keinen Hinweis darauf, dass man nicht nackt Auto fahren dürfte. Aber Vorsicht: Wer unbekleidet aus dem Wagen steigt, riskiert ein Bußgeld in Höhe von 40 Euro. Also, liebe FKK-Fans, bitte immer daran denken, bei einem Drive-in-Schalter vorzufahren, wenn es euch plötzlich nach Fastfood gelüstet.

Ja, wir Deutschen sind gründlich im Reglementieren, Bürokratisieren und Prozessieren. So haben wir es im *World Justice Index* – einer unabhängigen Rangliste der Rechtsstaatlichkeit weltweit – auf den sagenhaften achten von insgesamt 102 Plätzen gebracht.

Aber sind wir wirklich so gesetzestreu, wie es die Liste vermuten lässt? Schätzungen gehen davon aus, dass wir jährlich 13 Milliarden Euro Steuern hinterziehen und jede bzw. jeder dritte Deutsche schon einmal etwas aus einem Laden hat mitgehen lassen – «ganz aus Versehen», versteht sich.

Wie passt das denn bitte schön alles zusammen?

Zahlen, Normen und Regeln

Rund **33 000** DIN-Normen reglementieren unser Leben.

Nur in den USA existieren mehr Normen als in Deutschland.

Der **14. Oktober** ist der «Weltnormentag».

Und all diese Normen begleiten uns wirklich vom Anfang bis zum Ende: Von DIN EN 1400–1 für Schnuller, die besagt, dass sich zwei Löcher im Schild des Saugers befinden müssen, damit ein Kind, sollte es diesen versehentlich verschlucken, immer noch Luft bekommt, bis hin zu DIN EN 15 017, in der die Mindestanforderungen für «Bestattungs-Dienstleistungen» zusammengefasst sind.

1918 erschien die **erste DIN-Norm**, 1927 gab es dann schon **3000**, 1977 stolze **17 000**.

Es existiert mit DIN 820 sogar eine Norm für das Normen.

90 % der Deutschen ärgern sich über zu viel Bürokratie.

Jede bzw. jeder **48.** Deutsche ist Beamtin oder Beamter.

Das macht in der Summe **1 678 600** Beamte.

Und die müssen ja auch etwas zu tun haben: Neben den DIN-Normen müssen Unternehmen in Deutschland rund **70 000** Vorschriften berücksichtigen …

… diese Zahl ist geschätzt – den genauen Überblick haben nicht einmal die Experten.

76 % der Unternehmenschefs sehen das Wirtschaftswachstum durch Überregulierung bedroht.

Die Kosten, die der Wirtschaft im Jahr 2009 durch Bürokratie entstanden sind, das heißt durch die **9234** gesetzlich vorgeschriebenen Informationspflichten: **47,6** Milliarden Euro.

Gewalt und Verbrechen

Jeder Deutsche stiehlt pro Jahr Waren im Wert von **26** Euro, was sich zu einem Gesamtschaden von **2,1** Milliarden Euro summiert.

6 082 064 Straftaten wurden 2014 in Deutschland registriert ...

... davon mehr als jede achte unter Alkoholeinfluss, bei Gewaltkriminalität sogar fast jede dritte.

89 189 vollendete Fälle von Wohnungseinbruchdiebstahl verursachten einen Schaden von **422 261 937** Euro.

Am häufigsten wird im Dezember eingebrochen, und zwar zwischen **16** und **18** Uhr.

Es gibt aber auch die «Exoten» unter den Delikten, die entsprechend seltener begangen werden.

1742-mal wurde die Totenruhe gestört, was bedeutet, dass im Durchschnitt jeden Tag vier bis fünf Gräber geschändet wurden ...

... **898-mal** wurden Titel und Berufsbezeichnungen missbraucht ...

... **7-mal** brachen Gefangenenmeutereien aus ...

... **26** Doppelehen flogen auf ...

... und **7-mal** kam es zur «vorsätzlichen Herbeiführung einer Überschwemmung». Was auch immer das bedeuten mag.

Im Jahr 2013 wurden insgesamt **3 687 925** Gerichtsverfahren geführt, in deren Verlauf es zu **813 411** Verurteilungen kam.

Ganz schön viel Arbeit für unsere **20 410** Richterinnen und Richter.

Was das Strafmaß angeht, ist jeder **Vierte** für die Wiedereinführung der Todesstrafe.

In diesem Moment sitzen in Deutschland **56 641** Strafgefangene in **190** Gefängnissen hinter Gittern.

Durchschnittlich sitzt jede Person in Deutschland im Laufe ihres Lebens **11 Tage** im Gefängnis ...

... und gerät in ihrem Leben in **5** Polizeikontrollen.

15-mal am Tag stehen Rechner der Bundesregierung und staatlicher Behörden im Zentrum zielgerichteter Cyberattacken ...

... hinzu kommen täglich **3000** ungezielte Angriffe.

Wenn das Finanzamt wüsste ...

40 % der Deutschen meinen, ein bisschen «Schummeln» sei bei der Steuererklärung schon in Ordnung.

62 % halten Steuerbetrug hingegen für ein strafbares Delikt, selbst wenn es nur um geringe Beträge geht.

In den letzten zehn Jahren hat sich die Überprüfung privater Bankkonten durch das Finanzamt auf **72 600** Fälle erhöht und damit fast verzehnfacht.

12 900 Personen wurden 2012 wegen Steuerhinterziehung verurteilt ...

... fast **90 %** der Strafen wurden zur Bewährung ausgesetzt, und nur **1600** Verurteilte erhielten eine Freiheitsstrafe.

2014 gab es **38 587** Selbstanzeigen wegen Steuerhinterziehung ...

... die daraus resultierenden Steuermehrein-nahmen waren mit über **1,6** Milliarden Euro beachtlich.

Allerdings nichts im Vergleich zu den rund **300** Milliarden Euro Schwarzgeld, die immer noch im Ausland liegen sollen.

Apropos «schwarz»: **8** Millionen Menschen arbeiten teilweise schwarz.

65 % der Deutschen sind davon überzeugt: Schwarzarbeit schadet der Gesellschaft.

Aber nur **4 %** würden ihre Nachbarn verpfeifen, wenn sie wüssten, dass dort Schwarzarbeit stattfindet.

Jeder **Fünfte** gibt sogar offen zu: «Ja, ich habe schon einmal jemanden schwarz beschäftigt!»

Pro Jahr werden geschätzt **350** Milliarden Euro «schwarz» ausgezahlt.

95 % der Bürgerinnen und Bürger – also fast alle! – sind der Ansicht: Der Staat geht viel zu verschwenderisch mit den Steuern um, und nicht nur Steuerhinterziehung, sondern auch Steuergeldverschwendung sollten bestraft werden.

Maschendrahtzaun – die Klagefreude der Deutschen

40 % von uns haben schon einmal wegen zu lauter Musik bei den Nachbarn geklingelt.

Interessanterweise waren die Jüngeren zwischen 30 und 39 Jahren mit **52 %** deutlich lärmempfindlicher als die über 60-Jährigen mit **35 %**.

Beim Grillen drücken wir gerne ein Auge zu: Nur **12 %** würden sich über Grillgeruch beschweren.

7 % der Deutschen haben hingegen kein Problem damit, die Nachbarn aus dem Bett zu klingeln, wenn dort der Sex ein wenig lauter ausfällt.

Eins steht jedenfalls fest: Wir streiten immer mehr! Waren es 2012 im Schnitt noch **20,9** Streitfälle pro hundert Einwohner, stieg die Zahl 2014 auf **22,3** an.

Streithochburgen nach Streitfällen je hundert
Einwohner:

> Gelsenkirchen mit **32,5** Streitfällen,
> Leipzig mit **29,9** Streitfällen,
> Köln mit **29,6** Streitfällen,
> Berlin mit **29,3** Streitfällen.

> **41,2 %** aller Streitfälle drehen sich um private
> Konflikte.

Und wenn gar nichts mehr geht: 2013 wurden
knapp **3** Millionen Verfahren an deutschen
Gerichten geführt:

> **1 497 211** Verfahren an Zivilgerichten,
> **650 309** an Familiengerichten,
> **403 486** an Arbeitsgerichten,
> **392 999** an Sozialgerichten.

> Darüber haben sich wahrscheinlich zumindest
> die **163 513** Anwältinnen und Anwälte in
> Deutschland gefreut.

Eine unbedachte Beleidigung kann einen übrigens teuer zu stehen kommen: Für «Du blödes Schwein!» muss man **475** Euro berappen ...

... fast schon ein Schnäppchen im Vergleich mit «Du Wichser», das satte **1000** Euro kostet.

Lust, Frust und der ganze Beziehungs- und Familienkram

Es geht doch letztlich immer nur um das Eine!

Und dieses «Eine» vereint uns alle. Wir mögen arm oder reich, dumm oder schlau, klein oder groß, hell- oder dunkelhäutig sein – am Ende des Tages sehnen wir uns fast alle nach einer Partnerin oder einem Partner und Sex. Immerhin ejakuliert der deutsche Mann durchschnittlich 7200-mal in seinem Leben, womit er einen 43-Liter-Eimer bis zum Rand füllen könnte. Alle Achtung!

Doch auch wenn wir zwar alle mehr oder weniger «geil» sind – so richtig «geil» auf Kinder scheinen wir nicht zu sein: Bei 1,47 Kindern pro Frau stehen in absehbarer Zukunft viele Häuser und Wohnungen in Deutschland leer. Und wer soll überhaupt noch arbeiten gehen, wenn sich dieses nur innerhalb von Statistiken überlebensfähige «1,47-Kind» später mal um den dementen Papi und die pflegebedürftige Mami kümmern muss?

Ja, Kinder sind laut, anstrengend und rauben einem mitunter den letzten Nerv. Man muss ohne Frage mit einiger Geduld ausgestattet sein. Manchmal denkt der eine oder die andere sicherlich auch gern an Großvaters Zeit zurück, als die Hand lockerer saß, um sich dann wieder eines Besseren zu besinnen und mit einem 6-Jährigen professionell, geduldig und minutenlang stichhaltige Argumente auszutauschen, warum er nach zwei Stunden die Spielkonsole und den Fernseher vielleicht, eventuell, womöglich wieder ausschalten sollte. Aber: Kinder bereichern das Leben! Und das auf vielfältige Art und Weise.

Und wer sich beschwert, Kinder seien zu teuer – immerhin geben Eltern statistisch 584 Euro im Monat für ihren Nachwuchs aus –, der ist tatsächlich im geistigen «Geiz ist geil»-Milieu angekommen, in dem die Kosten-Nutzen-Rechnung das Leben auf eine scheinbar einfache Gleichung ohne Herausforderung, Esprit und Genuss reduziert.

Doch zäumen wir nicht das Pferd von hinten auf. Unabhängig von dem Wunsch nach Kindern und Familie spüren wir fast alle eine Sehnsucht nach Liebe, nach einer Partnerin oder einem Partner. Haben wir sie oder ihn gefunden, darf geknutscht werden: 100 000-mal küssen wir in unserem Leben. Was unsere Lippen so aushalten. Und wie gesagt: Es geht doch letztlich immer nur um das Eine.

Wie oft, wie lang, mit wem und wie am liebsten

342 Kondome werden in Deutschland pro Minute benutzt.

6 bis **10** Sexpartner haben wir im Leben.

17,6 Minuten – dann war es das auch schon wieder mit dem Liebesspiel.

Damit liegen wir, was die Dauer beim Sex angeht, im unteren Mittelfeld ...

... am längsten Sex haben übrigens die Nigeria-ner mit **24** Minuten.

Untersuchungen von Forschern zeigen jedoch: Idealerweise dauert der Sex **13** Minuten!

Wir küssen im Durchschnitt **3,2-mal** pro Tag.

Und haben **zweimal** in der Woche Sex.

Der scheint nicht immer so wahnsinnig berauschend zu sein, denn **38 %** von uns sagen offen, dass sie lieber mit Freunden ausgehen, als Sex zu haben.

8 % der Deutschen können hingegen nicht genug kriegen und haben gleichzeitig mehrere sexuelle Beziehungen.

85 % der Frauen sind zufrieden mit der Penisgröße ihres Partners ...

... aber nur **55 %** der Männer mit der Länge ihres «guten Stücks».

Offenheit zum Thema Sex?! Vor allem aus Angst vor der Reaktion der Partnerin bzw. des Partners hält immerhin die **Hälfte** der Befragten lieber den Mund.

90 % der Frauen haben ihrem Liebsten schon einmal einen Orgasmus vorgespielt.

Rund ein **Drittel** der Frauen hatte noch keinen Orgasmus beim Sex mit ihrem aktuellen Partner.

Die Top Drei der Sexphantasien deutscher Männer:

57 % Sex mit mehreren Frauen,

38 % Sex mit einer Unbekannten,

34 % Sadomaso-Sex.

Die Top Drei der Sexphantasien deutscher Frauen:

29 % Sadomaso-Sex,

28 % Sex mit mehreren Männern,

17 % gleichgeschlechtlicher Sex.

400 000 Frauen arbeiten in Deutschland als Prostituierte.

1,2 Millionen Freier nutzen dieses Angebot täglich.

Spieglein, Spieglein an der Wand, wer ist der/die Schönste in unserem Land?

53 % der deutschen Frauen würden keinen Mann mit Cowboystiefeln daten.

45 % der deutschen Männer mögen dafür keine Frauen in Leggins.

44 % der Frauen finden Schnauzbärte schrecklich.

Durchschnittlich verbringt ein Mann insgesamt etwa **3350** Stunden – also etwa **140** Tage seines Lebens – mit Rasieren ...

... dabei schneidet er bis zu **800** Meter Barthaar ab.

78 % der Frauen wollen einen Partner, der größer ist als sie.

Im Gegenzug wünschen sich **8 %** der deutschen Männer eine mehr als 15 Jahre jüngere Partnerin.

5,8-mal im Jahr gehen Frauen zum Friseur,
7,1-mal die Männer.

Jeder **dritte** Deutsche macht dafür einen
großen Bogen um den Friseursalon.

20 000 Frauen lassen sich jedes Jahr ihre
Brust vergrößern ...

... und **715** Männer ihre Brust verkleinern.

2011 wurden in Deutschland insgesamt
415 448 Schönheitsoperationen vorgenom-
men ...

... was uns im weltweiten Vergleich den zehnten
Platz hinter den USA, Brasilien, China, Japan,
Mexiko, Italien, Südkorea, Indien und Frankreich
einbringt.

Das Durchschnittsalter der Patienten einer
ästhetisch-plastischen Operation: **42** Jahre
und **6** Monate.

Die Richtige bzw. den Richtigen finden

13,8 Millionen Deutsche sind Single.

11 % der Singlefrauen sind heimlich in ihren besten Freund verliebt.

29 % der Singlemänner sind zu schüchtern, um eine Frau anzusprechen.

4 Dates haben deutsche Singles durchschnittlich im Jahr.

Wo lerne ich meine Partnerin bzw. meinen Partner kennen?
27 % im Freundeskreis,
16 % in der Kneipe,
11 % bei der Arbeit,
2 % übers Internet.

70 % der deutschen Hundebesitzer haben ihren Partner über ihren Vierbeiner kennengelernt.

10 % der Deutschen leben in gleichgeschlecht-lichen Partnerschaften.

13 % der Deutschen sagen nach einem halben Jahr Beziehung das erste Mal: «Ich liebe dich!»

Der häufigste Kosename für Männer: «Schatz», gefolgt von «Hase», «Bär», «Maus» und «Schnucki».

385 952 Hochzeiten wurden 2014 gefeiert.

Fast **ein Viertel** aller Ehen wird im Monat Mai geschlossen.

1 % der Deutschen warten mit dem sogenann-ten «ersten Mal» bis zur Hochzeitsnacht.

Verheiratete Männer schlafen fast immer auf der rechten Seite des Bettes.

36 % von uns haben schon einmal ihren Partner betrogen.

25 % könnten sich vorstellen, die Partnerin bzw. den Partner gegen viel Geld für eine Liebesnacht zu verleihen ...

... wobei «viel Geld» relativ ist. Jeder **Zehnte** würde den Deal sogar schon für **1000** Euro machen.

Jede **dritte** Ehe geht über kurz oder lang in die Brüche.

Die meisten Ehen werden tatsächlich im «verflixten» **siebten** Jahr geschieden.

Zwei Drittel aller Ehen halten bis zum Tod eines der beiden Partner.

Und was ist mit Familie?

In Deutschland gibt es fast genauso viele Katzen (**12,3** Millionen) wie Kinder (**12,4** Millionen).

9 837 000 Ehepaare leben ohne Kinder.

Und die mit Kindern haben wie viele?
42 % ein Kind,
43 % zwei Kinder,
15 % mehr als drei Kinder,
davon **0,9 %** fünf oder mehr Kinder.

714 927 Kinder wurden 2014 geboren.

78 608 künstliche Befruchtungen gab es im selben Zeitraum ...

... 1982 waren es nur **742**.

3805 Kinder wurden adoptiert.

Eltern sind nur bis zum **vierten** Lebensjahr des jüngsten Kindes zufriedener als Kinderlose.

Drei Viertel der Frauen sind mit sich als Mutter häufig oder gelegentlich unzufrieden.

Bei den Männern glauben **zwei Drittel**, dass sie ihrer Vaterrolle nicht gut genug gerecht werden.

Die Kinder bleiben von diesem Druck, den die Eltern verspüren, nicht unberührt: Mehr als **ein Drittel** des Nachwuchses findet, dass die Eltern gestresst sind, «weil sie immer alles perfekt machen wollen».

Dabei halten rund **90 %** der Kinder ihre Eltern für «die besten der Welt».

Die Schattenseite: **3649** Fälle von Kindesmisshandlung wurden 2014 erfasst ...

... Schätzungen gehen allerdings davon aus, dass die Dunkelziffer bei über **200 000** Kindern pro Jahr liegt.

Schaffe, schaffe,
Häusle baue

Frühling! Jetzt aber fix den Hochdruckreiniger aus dem Keller geholt und die Terrassenfliesen blitzblank geputzt. Man will schließlich nicht der Letzte in der Sackgasse mit Wendehammer sein, der zur Frühjahrsputzparade antritt! Was sollen sonst die Nachbarn denken?

Im Nu werden die Gartencenter und Baumärkte von einer wahren Tsunami-Welle an hochmotivierten Hobbygärtnerinnen und selbsternannten Heimwerker-Königen überrollt, die jedes Jahr für einen Umsatz von 36 Milliarden Euro sorgen, wobei 21 % auf Gartenartikel und Pflanzen entfallen. Von dem Geld, das wir für den heimischen Garten ausgeben, könnte man so viele Tulpenzwiebeln à 20 Cent kaufen, dass man ganz NRW, Niedersachsen, Hessen, Bremen und Hamburg in eine blühende Wiese verwandeln könnte – mit immerhin einer Tulpe pro Quadratmeter. Ein Blütentraum, bei dem den Holländern die Augen aus dem Kopf fallen würden. Ich wusste ja, dass wir einen grünen Daumen haben, aber so grün?!

Ja, wir sind Gärtner, Jägerzaunanstreicher und Regenrinnenreiniger. Wir lieben unser Eigenheim, und es ist kaum zu glauben, dass das Motto «*My home is my castle*» nicht deutschen Ursprungs ist. Denn in keinem anderen Land der Welt gibt es so viele Zäune und Hecken, um sich und seinen Besitz abzugrenzen.

Falls wir uns dann aber doch mal nach draußen wagen, dann gehen wir nicht, nein, wir fahren. Ist das womöglich der Grund, warum jedem dritten Chinesen zu dem Wort «deutsch» als Erstes der Begriff «Auto» einfällt? Wie auch immer, so ganz von der Hand zu weisen ist die Assoziation nicht. Immerhin 62 % der Deutschen haben nach eigener Aussage Spaß am Autofahren. Der entsprechende Ausdruck «Fahrvergnügen» hat es im Zuge einer Werbekampagne eines deutschen Autoherstellers in den USA sogar in den englischen Wortschatz geschafft, inklusive eigenen Wikipedia-Eintrags.

Das mit dem Spaß beim Autofahren ist aber natürlich so eine Sache, die ganz schnell verfliegt, wenn man auf der Autobahn von der Lichtpeitsche eines heranrasenden Sportwagens bedrängt wird, nur weil man sich mit seinem Kleinwagen erdreistet, einen Lkw zu überholen. Ganz zu schweigen davon, wenn man in einen der 2 406 685 polizeilich erfassten Unfälle eines Jahres verwickelt ist. Aber glücklicherweise bin ich ja typisch deutsch gut versichert. Puh, Glück gehabt!

My Home is my castle – Haus und Wohnung

Mehr als die Hälfte der Wohngebäude in Deutschland ist älter als 40 Jahre. Rund **5** Millionen Häuser stehen sogar seit mehr als 60 Jahren.

227 448 Euro kostet der Bau eines Einfamilienhauses ohne Grundstück im Durchschnitt.

Insgesamt stehen in Deutschland **19,1** Millionen Häuser mit insgesamt **41 298 747** Wohnungen.

43 % der Wohnungen werden von ihren Eigentümern, **52 %** von Mietern genutzt – und **5 %** stehen leer.

Liegt das Haushaltseinkommen unter **2600** Euro, wohnt man zur Miete, darüber in der Eigentumswohnung oder im eigenen Haus.

Durchschnittliche Wohnfläche pro Person: im Eigenheim **47** qm und zur Miete **38** qm.

Die durchschnittliche Wohnung hat **4,4** Zimmer.

Kaum zu glauben: In knapp **680 000** Wohnungen in Deutschland fehlen Toilette oder Dusche bzw. Badewanne ...

... und noch unglaublicher: In **330 000** fehlt beides!

75 % der Deutschen besitzen mindestens ein Produkt der schwedischen Möbelkette IKEA.

Nur **20 %** der Männer kontrollieren beim Verlassen der eigenen vier Wände, ob Licht, Herd und andere Elektrogeräte ausgeschaltet sind ...

... Frauen sind da umsichtiger: Bei ihnen achten **25 %** darauf.

Mit gutem Grund: Laut Versicherungsstatistik bricht in Deutschland jede Minute ein Brand aus.

Vielleicht plant gerade deswegen jeder **zweite** Deutsche, seine Wohnung zu renovieren oder neu einzurichten.

«Yippie, Ja, Ja, Yippie, Yippieh, Yeah!»

2365 Baumärkte gibt es in unserer Republik.

Deutschland ist Europas größter Markt für Bau- und Heimwerkermärkte.

225 Euro gibt jede bzw. jeder Deutsche im Baumarkt pro Jahr aus. In Italien liegt der Schnitt hingegen bei nur **50** Euro.

In Frechen bei Köln steht der größte Baumarkt Europas mit **120 000** Produkten auf über **30 000** Quadratmetern.

65 % von uns sagen ohne Umschweife: «Mir macht es Spaß, selbst zu renovieren!»

Von wegen Männerdomäne: **38 %** der Frauen handwerkern und reparieren gern.

Aber Vorsicht: **24 %** der Deutschen haben schon einmal eine elektrische Leitung ange-bohrt.

Und **33 %** der Männer haben sich beim Heimwerkern schon mal schmerzhaft mit dem Hammer auf den Daumen geschlagen. Aua!

Außerdem haben **15 %** der Männer schon mal einen Eimer Farbe umgestoßen. Na bravo?!

Liebste Wandfarbe in der Küche ist übrigens: **Weiß**.

Die liebste Wandfarbe im Schlafzimmer: **Weiß**.

Und die liebste Wandfarbe im Wohnzimmer? Genau, auch **Weiß**.

Warum? Mit **Weiß** kann man am wenigsten falsch machen. Also wenn das kein guter Grund ist ...

Wofür gebe ich eigentlich mein Geld aus?

220-mal im Jahr kaufen wir ein.

Zwei Drittel davon dienen dazu, Lebensmittel einzukaufen, sei es das Frühstücksbrötchen beim Bäcker um die Ecke oder der Wocheneinkauf im Supermarkt.

Dabei kann man doch so schön einfach und bequem übers Internet bestellen: **6,9-mal** klicken wir auf den digitalen Warenkorb mit einem durchschnittlichen Warenwert von **62,34** Euro je Bestellung.

1193 Euro hat jede bzw. jeder Deutsche durchschnittlich nach Abzug von Wohn- und Nebenkosten sowie den Ausgaben für Lebensmittel monatlich zur freien Verfügung.

7 % der Deutschen wissen aber nicht so recht etwas mit ihrem Geld anzufangen.

44 % frönen mehrmals im Jahr spontanen «Lustkäufen» ...

... und geben dann jeweils zwischen **30** und **99** Euro aus.

Die Top Drei der Spontankäufe bei den Männern:
Kleidung **36 %**,
Unterhaltungselektronik **29 %**,
Bücher **24 %**.

Die Top Drei der Spontankäufe bei den Frauen:
Kleidung **54 %**,
Bücher **32 %**,
Einrichtungsgegenstände **27 %**.

Durchschnittlich geben wir im Jahr **731** Euro für Kleidung aus.

Jede Frau besitzt **118** Kleidungsstücke, Strümpfe bzw. Socken und Unterwäsche nicht eingerechnet, jeder Mann nennt **73** Teile sein Eigen ...

... das macht über **7** Milliarden Kleidungsstücke in unseren Schränken.

40 % unserer Kleidung werden aber nur selten bis nie getragen.

Im Gesamtdurchschnitt schätzen **37 %** der Befragten sich selbst als zu verschwenderisch ein – Männer und Frauen übrigens gleichermaßen.

«Mein Mercedes fährt 210.» Der Deutschen liebstes Kind – das Auto

87,6 % der Deutschen besitzen einen Führerschein.

Bis sie ihn dann endlich in Händen halten, fallen allerdings **29 %** der Deutschen durch die theoretische und **26 %** durch die praktische Fahrprüfung.

Bitte rechts ranfahren! In Hamburg liegt die Durchfallquote mit **39 %** am höchsten.

44 403 100 Pkws fahren auf unseren Straßen.

Ökopower? Nur **85 575** davon sind Hybridfahrzeuge und gerade einmal **12 156** Elektroautos.

230 100 Kilometer umfasst unser überörtliches Straßennetz, davon **12 900** Autobahnkilometer.

Nur Japan hat mit **3,19** Kilometern Asphalt pro Quadratkilometer eine höhere Straßendichte als Deutschland, wo es **1,81** Kilometer pro Quadratkilometer sind.

Trotzdem gibt es jährlich **475 000** Staus auf deutschen Autobahnen mit einer Gesamtlänge von **960 000** Kilometern.

Der deutsche Stau-Spitzenreiter: satte **170** Kilometer, gemessen auf der A7 von Hamburg Richtung Dänemark im Sommer 1993.

Es kann also nicht verwundern: **38 %** von uns schreien oder fluchen laut im Auto …

… vielleicht aber gar nicht wegen eines Staus, sondern weil ihr Auto dreckig ist: Denn ebenfalls genau **38 %** ist es peinlich, mit einem dreckigen Auto unterwegs zu sein.

Unser Auto hat im Schnitt **9** Jahre auf den Stoßdämpfern.

Der Neuwagenkäufer ist männlich und **53,3** Jahre alt.

Jedem **zweiten** Mann sind Höchstgeschwin-
digkeit und Beschleunigung beim Auto wichtig.

Vielleicht kommt es deswegen alle **4** Sekunden
zu einem Unfall.

Rund **eine Milliarde** Euro verdient Vater
Staat mit Blitzern pro Jahr.

8 630 907 Deutsche haben Punkte auf
ihrem Konto im Fahreignungsregister in Flens-
burg, **77,3 %** davon Männer.

71 % haben schon einmal aus dem Auto
heraus geflirtet.

Jeder **Sechste** hatte schon einmal Sex im
Auto.

Kultur? Wat is dat denn? – Das Land der Dichter, Denker und Pornokonsumenten

80 Bücher werden jeden Tag in unserem Land veröffentlicht!

Wir sind halt einfach das Land der Dichter und Denker. Wo der Durchschnittsdeutsche nach einem Mankell-Krimi mit seiner Frau Sabine einen Abstecher zu den *Feuchtgebieten* macht, sich bester Laune mit einem *Ich bin dann mal weg!* verabschiedet, um sich – so *Ein Glück* – mit *Herrn von Ribbeck auf Ribbeck im Havelland* zu treffen und intensiv über deutsche Literatur zu diskutieren. Es wird ein gelungener Abend, ein *Triumph der Empfindsamkeit*, eine Ode *An die Freude. Die Huldigung der Künste* findet erst ein Ende, wenn *Die Glocke* sie zu später Stunde mahnt, endlich nach Hause zu gehen. Um dort – nach einer Reihe von Bieren, die man sich nach einigen Tagen der Abstinenz gegönnt hat, um wieder ansatzweise an den deutschen Schnitt von zwei Gläsern Gerstensaft pro Tag heranzukommen – ziemlich *Örtlich betäubt* ins Bett zu fallen.

Ja, unsere Sprache, auf die geben wir viel. Schon unser

großer deutscher Märchendichter Jacob Grimm wusste: «Alle Sprachen haben einen Naturtrieb, das Fremde von sich abzuhalten, und wo sein Eindrang erfolgte, es wieder auszustoßen!» Das muss der Grund gewesen sein, weswegen wir 1930 das Wort «Reklame» als undeutsch gegen den Begriff «Werbung» ausgetauscht haben. Finde ich *cool*!

Nur schade, dass in unserer Dichternation kaum noch einer liest ... oder ins Museum geht ... oder ins Theater. Bevor jetzt aber gleich der Kulturnotstand ausgerufen wird: Wir schreiben gerne! Wenn auch nicht unbedingt anspruchsvolle Poesie oder niveauvolle Prosa: 1100 SMS werden pro Sekunde in Deutschland verschickt. Wobei SMS ja so was von *out* und *old-school* sind, seit kostenlose internetbasierte Instant-Messaging-Dienste dem 160-Zeichen-Dino immer mehr Marktanteile abgraben.

Apropos Internet: Noch nie gab es so viel frei zugängliche Informationen, so viel Meinungspluralismus, so viele Möglichkeiten für eine demokratische Meinungsbildung, aber auch so viel Entertainment, so viel Selbstdarstellung und so viel frei zugänglichen Schwachsinn wie heute.

Doch wenn die Sonne der Kultur niedrig steht, werfen selbst Zwerge einen langen Schatten. Es besteht also noch Hoffnung.

Kult oder Kultur

Deutschland belegt mit **49** Natur- und Kulturgütern Rang vier der welterbereichsten Staaten.

320 Aufführungen finden täglich an deutschen Theatern statt ...

... die in einer Spielzeit **18 824 956** Besucher ins Theater locken.

Durchschnittlicher Kartenpreis: **24,63** Euro.

Subvention pro Karte, um die Kosten zu decken: **109,47** Euro.

20 000 bis **25 000** Schauspielerinnen und Schauspieler gibt es hierzulande ...

... von denen nur **1983** in einem festen Arbeitsverhältnis stehen.

Brotlose Kunst. **180 000** bildende Künstler leben in Deutschland ...

... die im Durchschnitt jeweils **10 922** Euro im Jahr versteuern.

110 425 002 Eintrittskarten werden jährlich für unsere **4735** Museen gelöst.

Gemessen an der Anzahl der Museen, Theater und Bibliotheken im Verhältnis zur Einwohnerzahl, bietet Deutschland weltweit die meisten Möglichkeiten für kulturelle Aktivitäten.

Anteil der Deutschen, die weder Museen noch Galerien oder Kunstausstellungen besuchen: **56 %**.

Das Ende von Fernsehen und Kino?

3 Stunden und **41** Minuten schauen wir täglich fern.

52 Jahre ist das Durchschnittsalter der deutschen Fernsehzuschauer und damit fast **10** Jahre höher als das Durchschnittsalter der Bevölkerung.

Bei ARD und ZDF liegt das Durchschnittsalter sogar bei **61** bzw. **62** Jahren, bei PRO7 hingegen bei nur **42** Jahren.

Vielleicht liegt es am Alter der ARD-Zuschauer, die eventuell nicht mehr so gut hören: Knapp jedem **Achten** ist die Sprache, der sich die ARD-Journalisten bedienen, schlichtweg zu unverständlich.

72 % der Deutschen verstehen unter Fernsehen, sich ein bestimmtes Programm zu einer festen Sendezeit im Fernseher anzuschauen.

Schaut man aber mal genauer hin: Bei den 20- bis 39-Jährigen sind es nur noch **25 %**.

Und für **78 %** der 14- bis 19-Jährigen bedeutet Fernsehen, etwas zu schauen, wann immer und auf welchem Gerät auch immer man will – also auch auf dem Smartphone oder dem Tablet oder traditionell im TV.

16 % der Deutschen schauen täglich YouTube-Videos an.

Wenn der Fernseh-Dino sich schon verändert, was ist dann mit dem guten alten Kino?
27 Millionen Personen gehen jährlich
4,5-mal ins Kino.

Die Kinokarte kostet im Durchschnitt: **8,05** Euro.

Im Jahr 2014 wurden auf **4637** Leinwänden **229** Filme aus Deutschland, **143** aus den USA, **131** aus EU-Ländern und **67** Produktionen aus dem Rest der Welt gezeigt.

Obwohl deutsche Filme rein zahlenmäßig dominieren, werden **62,6 %** der Kinokarten für US-Produktionen gelöst.

Das Durchschnittsalter der deutschen Kinogänger: **37,5** Jahre ...

... 2009 waren es **33,6** Jahre.

Willkommen im Internet

28 Millionen Deutsche sind bei Facebook
aktiv.

16 Millionen Internetadressen enden auf «.de»,
nach der Endung «.com» die häufigste auf der
Welt.

Jeder **vierte** Deutsche nutzt das Internet nie.
Erstaunlich, denn ...

... durchschnittlich ist jeder **100** Minuten am
Tag online.

12,47 % der Seitenaufrufe hierzulande führen auf Seiten mit pornographischem Inhalt ...

... damit sind wir weltweiter Porno-Spitzenreiter
im Netz. Beim Zweitplatzierten Spanien sind es
nur **9,58 %**.

Wochentag, an dem Deutsche am liebsten
Pornofilme online angucken: Montag.

Länge des Anschauens: **8** Minuten und
1 Sekunde – was weniger als halb so lang und
damit viel zeitsparender ist als die durchschnittliche Sexdauer (siehe S. 119).

Was ist wichtiger als Online-Pornos?
Während des Champions-League-Finales 2013
zwischen Bayern München und Borussia
Dortmund brachen die Zugriffszahlen um
40 % ein.

Aber jetzt mal wieder raus aus der Schmuddel-
ecke:

Der 2015 am häufigsten gegoogelte Begriff:
Sonnenfinsternis.

Die 2015 am häufigsten gegoogelte Person
national: **Helene Fischer**.

Und die 2015 am häufigsten gegoogelte
Frage, die mit «Was ...?» beginnt:
«Was koche ich heute?»

Die **Hälfte** der Eltern macht ihren Kindern
keine Vorgaben, wie lange sie online sein
dürfen.

Jedes **5.** Kind ist mehr als **4** Stunden täglich online.

Empfohlen wird für Kinder über 14 aber nur eine maximale Internetnutzung von **1,5** Stunden pro Tag.

Turn it on!

Insgesamt hört jeder Deutsche im Schnitt fast **5** Stunden Musik täglich.

Nur **12,6 %** bevorzugen die Stille und hören selten bis nie Musik.

42 % des täglichen Musikhörens gehen auf das Konto des herkömmlichen Radios.

77,8 % der 14- bis 19-Jährigen stehen auf Dance, Hiphop und Rap ...

... bei den über 70-Jährigen sind es nur **2,3 %**.

79,8 % der über 70-Jährigen hören hingegen gerne Schlager ...

... bei den 14- bis 19-Jährigen sind es überraschende **20,7 %** – Tendenz steigend.

62 % der Singles ist der Musikgeschmack eines potenziellen Partners wichtig.

Während insgesamt nur **ein Drittel** der Deutschen in Bus oder Bahn mit Kopfhörern unterwegs ist, sind es bei den Jugendlichen unter 20 Jahren satte **80 %**.

Der durchschnittliche Musikkäufer gibt **56** Euro im Jahr für Musik aus.

Sechs Millionen Deutsche beziehen ihre Medieninhalte lieber per Tauschbörse oder Sharehoster.

Das finden die **27 895** Kreativen im Musik-geschäft – Musiker, Sänger, Songwriter – bestimmt nicht so toll.

Fast genau so viele Musiklehrer gibt es in Deutschland: **28 506**.

In **33,1 %** der Haushalte befindet sich ein Musikinstrument.

Aktiv gespielt wird es aber nur in **17,7 %** der
Haushalte ...

... das heißt, in **6,2** Millionen Haushalten liegen
Musikinstrumente einfach nur so herum.

Reden, wie einem der Schnabel gewachsen ist

Deutsch wird von **155** Millionen Menschen weltweit gesprochen und steht damit auf Rang neun der meistgesprochenen Sprachen der Welt – Nummer eins ist Hochchinesisch mit **867,2** Millionen Menschen.

Die deutsche Sprache besteht aus über **300 000** Wörtern.

Jährlich kommen rund **1000** neue Wörter dazu.

Gleichzeitig verschwinden auch Dutzende Wörter: Kennen Sie noch «Plattei» oder «Busch-klepper»?

Im 13. Jahrhundert konnte man das Wort «haben» auf **20** verschiedene Weisen schreiben: haben, hauen, haven, hawen, habben, habin, hauin, hab'n, habn, habein, habm, habent, habe, heben, hebben, han, hane, hain, hayn, hen.

Ein kleines Beispiel für die fortlaufende Entwicklung unserer Sprache? Bitte schön: «Da kam eine samaritische Frau, um Wasser zu holen. Jesus sagte zu ihr: Gib mir zu trinken», heißt es in einer Bibel-Übersetzung aus dem Jahr 1926 ...

... Martin Luther schrieb das 1522 noch so nieder: «Da kompt eyn weyb von Samaria, wasser zu schepffen, Jhesus spricht zu yhr, gib myr trincken.»

Etwa **50 000** Wörter verstehen wir ohne große Schwierigkeiten.

Der aktive Wortschatz eines Deutschen wird auf **12 000** bis **16 000** Wörter geschätzt, darunter rund **3500** Fremdwörter.

Ein deutsches Wort ist durchschnittlich **10,6** Buchstaben lang.

Deutsch ist weiblich. Zu **46 %** kommt «die» als Artikel zum Einsatz.

Weniger als **0,1 %** der deutschen Wörter
haben kein Geschlecht, darunter «Aids», «Aller-
heiligen» oder «Donnerlittchen».

Wer vor «Denglish» warnt, sollte wissen:
Eingedeutsche Wörter englischen Ursprungs
machen nur etwa **3,7 %** unseres Gesamtwort-
schatzes aus, Wörter aus dem Griechischen hingegen **4,2 %** und aus dem Lateinischen sogar
5,6 %.

Das längste deutsche Wort: Grundstücks-
verkehrsgenehmigungszuständigkeitsüber-
tragungsverordnung.

Deutschland, wo geht die Reise hin?

Wer in einen Zug einsteigt, weiß, wo die Reise endet, meistens jedenfalls.

Im ICE «Deutschland» könnte sich die launige Ansage jedenfalls so anhören: «Sehr verehrte Mitreisende, der ICE 0815 nach Oberschlaubergen über Kleindenkdorf, Großträumigen und Hinterbelügmichnich fährt gleich auf Gleis 93 ein!» Auch wenn man vielleicht gar nicht nach Oberschlaubergen will, ist klar, dass der Zug bis dorthin fährt. Und selbst wenn es sich um einen Zug mit Verspätung handelt – und das ist in Deutschland immerhin fast jeder dritte –, steht die Endstation fest.

Ach, wäre unsere Zukunft doch auch so vorhersehbar! Man könnte je nach Lust und Laune in Hinterbelügmichnich noch in einen Anschlusszug steigen, der halt nicht nach Oberschlaubergen, sondern nach Villarriba fährt. Leider ist es nicht so einfach.

Aber seien wir ehrlich, das ist auch ganz gut so. Und wirft man einen Blick zurück, ist es spannend zu sehen, wie viele Dinge sich teils drastisch verändert haben. Gerade auch bei uns hier in Deutschland.

Ein anschauliches Beispiel ist die Gleichberechtigung.

Laut dem Bürgerlichen Gesetzbuch von 1900 stand es dem Ehemann zu, sämtliche Entscheidungen in allen Fragen des Ehelebens allein zu fällen – auch hinsichtlich der Haushaltsführung, der Kindererziehung oder bei der Frage, ob die Frau arbeiten gehen durfte. Das Gleichberechtigungsgesetz von 1957/1958 erlaubte es Frauen dann, generell erwerbstätig zu sein, allerdings nur, soweit das mit ihren Pflichten in Ehe und Familie vereinbar war. Erst seit 1977 haben Frauen das gesetzlich verbriefte Recht, ohne Einverständnis ihres Mannes erwerbstätig zu sein.

Doch was hilft das der Frau, wenn sie praktisch auch heute immer noch etwa 22 % weniger verdient als ihre männlichen Kollegen? Für die gleiche Arbeit wohlgemerkt. Und das, während gleichzeitig 28 % der Männer finden, dass wir es mit der Gleichberechtigung in unserem Land übertreiben.

Eins wird dabei deutlich: Veränderungen haben immer zwei Seiten.

Aber wohin geht denn jetzt unsere Reise mit dem ICE «Deutschland»? Wirklich nur nach Oberschlaubergen oder doch vielleicht bitte nach Villarriba?

Morbide Gedanken übers Ende

868 356 Menschen starben 2014 in Deutschland.

Häufigste Todesursachen:
Herz-Kreislauf-Erkrankungen (ohne Herzinfarkte) **38,9 % / 338 056** Tote,
Krebserkrankungen **25,8 % /
223 758** Tote,
Atemwegserkrankungen **6,7 % /
58 604** Tote,
Herzinfarkte **5,8 % / 50 104** Tote.

34 667 Todesfälle waren auf eine nicht natürliche Todesursache zurückzuführen, dazu zählen unter anderem Verletzungen und Vergiftungen.

19 000 Patientinnen und Patienten starben im Krankenhaus aufgrund von Behandlungsfehlern.

10 209 Menschen begingen Selbstmord.

10 000 Personen starben in Altersheimen wegen mangelnder Versorgung.

3377 Verkehrstote waren zu beklagen.

392 Menschen ertranken, davon **14** in Schwimmbädern.

Seltene Todesarten: Im langjährigen Mittel sterben **3,9** von uns an den Folgen von Hundebissen, während **3** bis **7** von einem Blitz erschlagen werden.

4000 Bestattungsunternehmen kümmern sich um unsere sterblichen Überreste.

Und wie werden wir beigesetzt?
54,5 % Feuerbestattungen,
45,5 % Erdbestattungen.

Durchschnittliches Sterbealter im Jahr 2013:
74,5 Jahre für Männer,
81,4 Jahre für Frauen.

36 % von uns glauben an ein Leben nach dem Tod.

Professorix – Deutsche Gleichberechtigung

76 % der Männer wünschen sich eine Partnerin, die sich selbst um ihren Unterhalt kümmert.

Das passt doch: Bei den jungen Frauen haben **91 %** den Wunsch, finanziell auf eigenen Beinen zu stehen.

Allerdings verdienen Frauen, wie gesagt, für die gleiche Arbeit durchschnittlich **22 %** (!) weniger als ihre männlichen Kollegen.

69,6 % der Frauen in Deutschland halten sich für emanzipiert …

… gleichzeitig empfinden **72,2 %** der Frauen die Bezeichnung «Emanze» jedoch als abwertend.

66 % der Frauen wünschen sich, dass Männer viele Aufgaben im Haushalt und innerhalb der Familie übernehmen.

Andererseits ist es für **52 %** der Frauen aber weiterhin auch sehr wichtig, dass Männer im Beruf erfolgreich sind.

Vielleicht fühlt sich deswegen jeder **dritte** Mann den an ihn gestellten Erwartungen nicht gewachsen.

7 % haben sogar das Gefühl, sich gar nicht mehr wie «richtige Männer» verhalten zu können.

64 % der Männer sind der Meinung, dass es mit der Gleichberechtigung der Frauen in Deutschland mittlerweile reicht.

Wünsche ... und Ängste

Rückkehr der «German Angst»? 2015 blickten **55 %** der Deutschen angstvoll in die Zukunft ...

    ... 2014 waren es nur **31 %**, 2013 lediglich **28 %**.

    Doch genug der Schwarzmalerei: Deutschland belegt im sogenannten *World Happiness Report* immerhin den **26.** von insgesamt **158** Rängen ...

    ... einen Platz hinter Panama und einen vor Chile.

Die Top Drei der deutschen Ängste 2015:
Angst vor Naturkatastrophen **53 %**,
Angst vor Terrorismus **52 %**,
Angst, im Alter zum Pflegefall zu werden **49 %**,
Angst vor Spannungen durch den Zuzug von Ausländerinnen und Ausländern **49 %**.

Fast jeder **dritte** von uns macht sich Sorgen um seinen Arbeitsplatz.

4 Millionen Deutsche sind hingegen rundum glücklich und würden das Angebot einer guten Fee auf einen freien Wunsch ausschlagen.

Die restlichen würden sich nicht lange bitten lassen. Jede bzw. jeder **200.** würde sich einen Ferrari von der guten Fee wünschen ...

... jeder **16.** eine neue Küche.

Jeder **450.** von uns wünscht sich jemanden zurück, die oder der verstorben ist.

Kids – wie sind die Deutschen von morgen drauf?

62 % der Jugend sind stolz darauf, Deutsche zu sein.

Auf einer Skala von «**0**» (ganz links) bis «**10**» (ganz rechts) positioniert sich die deutsche Jugend politisch mit einem Wert von **4,4** leicht links von der Mitte.

48 % von ihnen haben Angst vor Fremdenfeindlichkeit, aber nur **37 %** fürchten sich vor Zuwanderung.

14 % stimmen der Aussage zu, dass es «in jeder Gesellschaft Konflikte gibt, die nur mit Gewalt gelöst werden können».

73 % machen sich Sorgen über Terroranschläge.

62 % befürchten einen möglichen Krieg in Europa.

84 % finden Gesetz und Ordnung wichtig.

34 % der Jugendlichen sagen: «Ich bin oft im Alltag für andere aktiv.»

15 % aller Jugendlichen empfinden sich als «abgehängt».

An Gott zu glauben, finden **38 %** der Jugendlichen mit christlicher Konfession wichtig...

... bei muslimischen Jugendlichen sind es **81 %**.

63 % der Jugendlichen wünschen sich eine eigene Familie ...

... und zwar am liebsten mit **zwei** Kindern.

Fast **drei Viertel** würden ihre eigenen Kinder ähnlich oder genauso erziehen, wie sie selbst erzogen wurden.

61 % der Jugend sehen optimistisch in die Zukunft.

Schlussbetrachtungen

Das war's! Sie haben's geschafft! Sie haben 719 Statistiken gelesen und dafür ungefähr drei Stunden gebraucht. Vermutlich haben Sie hin und wieder gelacht oder den Kopf geschüttelt. Vielleicht haben Sie auch das ein oder andere Mal verblüfft «Das glaube ich jetzt aber nicht!» oder «Das habe ich nicht gewusst!» gedacht. Womöglich haben Sie sogar etwas über «die Deutschen», «das Deutschsein» oder sogar über sich selbst herausgefunden.

Und? Sind Sie deutscher Durchschnitt oder weit davon entfernt? Ich wette, dass beides zutrifft. Denn in manchen Statistiken findet man sich wieder, um bei anderen prompt die deutsche Außenseiterin oder der deutsche Eigenbrötler *par excellence* zu sein. Daran ist auch gar nichts auszusetzen! Schließlich sind wir alle Teil eines größeren Ganzen. Dieses Buch spiegelt die komplexen Befindlichkeiten dieses heterogenen Ganzen wider, es ist ein statistischer «Schnappschuss» der deutschen Gesellschaft von heute, die sich bereits beim Erscheinen des Buchs wieder verändert hat. Es betrachtet den Zeitraum von 2012 bis heute – und wird in 20, 30 oder 40 Jahren einen abermals unterhaltsamen Einblick geben, wie wir heute bzw. damals gedacht haben.

«Deutsch sein» ist ein fließender Prozess. Unsere Einstellungen, Ängste, Wünsche und Sorgen ändern sich permanent. «Deutsch sein» bedeutete vor 100 Jahren etwas ganz anderes als zur Zeit des Nationalsozialismus, während der Wiedervereinigung oder heutzutage. Und es wird in 50 Jahren wiederum etwas völlig anderes sein, wenn sich unsere Enkelkinder ohne jeden Zweifel über unsere Haltung von heute amüsieren.

«Deutsch sein» ist eine Reise, die nie aufhört und bei der wir alle ein Teil der Reisegruppe sind. Wie heißt es doch so schön: Der Weg ist das Ziel.

Also los!

Quellen:

1. Wir sind die «Krauts»!

Bundesarbeitsgemeinschaft Wohnungslosenhilfe;
Deutsche Bahn; Deutsche Bundesbank; Deutsche
Gesellschaft für Namenforschung e. V.; Deutscher
Wanderverband; *FAZ* Nr. 33 vom 17. 8. 2014, S. 19; www.
doener365.de; www.elitepartner.de; Gesellschaft für
deutsche Sprache e. V.: Gesellschaft für Konsumforschung GfK; Deutsche Gesellschaft für internationale
Zusammenarbeit GIZ; Goethe-Institut, Kleine Anfrage
im Bundestag: Intersexualität und Menschenrechte;
Körber-Stiftung; Nobelpreiskomitee; Pew Research
Center; www.RetailMeNot.com; Studie von Huawei
zum deutsch-chinesischen Verhältnis; Umfrage der
BBC von 2013/14 unter 24 542 Menschen in 24 Ländern:
http://downloads.bbc.co.uk/mediacentre/country-
rating-poll.pdf; Standesämter Deutschland; Statistisches Bundesamt; Studie der Walk Free Foundation;
Welt kompakt vom 18. 3. 2014, S. 19; Zollkriminalamt.

2. So richtig deutsch abhängen

Stiftung für Zukunftsfragen, BAT; Bundesverband
Interaktive Unterhaltungssoftware e.V. BIU; Bundes-
zentrale für gesundheitliche Aufklärung; www.
Chrismon.de; Deutsche Hauptstelle für Suchtfragen
DHS; Deutsche Rentenversicherung Nord DRV; www.
elitepartner.de; Emnid für *Reader's Digest*; Forschungs-
gemeinschaft Urlaub und Reisen e.V.; www.apotheken-
umschau.de; Gesellschaft für Konsumforschung GfK –
Travel Insights; www.HolidayCheck.de; Hotelverband
Deutschland; Institut für Demoskopie Allensbach;
Initiative Handarbeit; www.Lachclub.info; Shell-Studie;
Statistisches Bundesamt; TNS Infratest; Universität
Zürich.

3. Sauber oder Saubär?!

www.beauty24.de; Berufsverband der Allgemeinärzte;
BKK Dachverband; Bundesärztekammer; Bundesverband der Deutschen Süßwarenindustrie; Bundesvereini-
gung Deutscher Apothekerverbände; DAK-Gesundheit;
Deutsche Apothekerzeitung DAZ; Deutsche Hauptstelle
für Suchtfragen e.V.; Deutscher Jagdverband; Deutsches
Institut für Wirtschaftsforschung DIW; Eurobaro-

meter – Umfrage der EU-Kommission; Gesellschaft für
Konsumforschung GfK, ConsumerScan; Gesellschaft
für Konsumforschung GfK, Umfrage im Auftrag der
Apotheken-Umschau; Der Grüne Punkt Deutschland;
Guinness-Brauerei; Öko-Institut Freiburg; Verband der
Privaten Krankenversicherungen PKV; Procter & Gamble; Statistisches Bundesamt; TNS Marktforschung für
die Deutsche Wildtier-Stiftung; blog.toiletpaperworld.
com; Umweltbundesamt; Universität Stuttgart; Welternährungsorganisation FAO; Weltgesundheitsorganisation WHO; World Wide Fund for Nature WWF.

4. Der Deutsche trägt sein Herz am rechten Fleck.

www.abgeordnetenwatch.de; Bertelsmann-Stiftung;
Bundesverband der Sicherheitswirtschaft BDSW; Bundesamt für Verfassungsschutz BfV; Bundesinnenministerium BMI; Bundestagsverwaltung; bpb Bundeszentrale für politische Bildung; Deutscher Beamten-Bund;
Deutscher Bundestag; Deutschlandstiftung Integration;
Gesellschaft für Konsumforschung GfK Austria; Institut
für Demoskopie Allensbach; Nationales Waffenregister
NWR; Polizeiliche Kriminalstatistik 2014; Statistisches
Bundesamt.

5. Ich bin Deutscher, nein, Europäer – Quatsch, jetzt hab ich's: Ostwestfale!

Stiftung für Zukunftsfragen BAT; Bundesfinanzminis-
terium BMF; Bundesministerium für wirtschaftliche
Zusammenarbeit und Entwicklung BMZ; Deutscher
Spendenrat e. V.; EU-Kommission; Emnid-Umfrage im
Auftrag der Deutschen Postbank; Forsa-Umfrage für die
Bank of Scotland; Gesellschaft für Konsumforschung
GfK, Umfrage im Auftrag der *Apotheken-Umschau*;
Gesellschaft für Konsumforschung GfK, Umfrage im
Auftrag des Apothekenmagazins *Baby und Familie*;
Institut für Demoskopie Allensbach; INSA Meinungs-
forschungsinstitut; Max-Planck-Institut für Bildungs-
forschung; Norisbank in Zusammenarbeit mit dem
Marktforschungsinstitut Innofact; One-Poll-Marktfor-
schungsinstitut; Pew Research Center; Religionswissen-
schaftlicher Medien- und Informationsdienst REMID;
Reporter ohne Grenzen; Shell-Jugendstudie 2015; TNS
Emnid Marktforschung; www.yougov.de.

6. Karriere über alles

Bayerisches Staatsinstitut für Hochschulforschung
und Hochschulplanung IHF; Bertelsmann-Stiftung;

Deutscher Beamtenbund DBB; www.lehrerfreund.de;
Deutscher Gewerkschaftsbund DGB; Freie Universität
Berlin; Hans-Böckler-Stiftung; http://neunzehn72.
de/250-dinge-die-man-wissen-muss/; http://www.
rp-online.de/schulprojekte/texthelden/artikel-und-
klassenfotos/artikel/werden-wir-immer-duemmer-
aid-13320416; Institut für Arbeitsmarkt- und Berufs-
forschung IAB; Organisation für wirtschaftliche
Zusammenarbeit und Entwicklung OECD; Statistisches
Bundesamt; Stifterverband für die Deutsche Wissen-
schaft; Stiftung Lesen.

7. Olé, olé, olé, olé ... wir sind die Champions ... olé!

Allianz Global Wealth Report; US-Amerikanische
Handelskammer; ARAG-Versicherung; Bertelsmann-Stiftung; Bundesfinanzministerium BMF;
Deutscher Brauer-Bund; Deutscher Gewerkschaftsbund DGB; *Die Zeit Wissen* vom 27.12.2013, S.33;
Europa-Konsumbarometer 2012; FMH Finanzberatung;
Gesellschaft für Konsumforschung GfK; www.hafen-
hamburg.de; https://www.kyto.de/exporte-deutsch-
land-in-echtzeit/; Institut für Demoskopie Allensbach;
infas-Umfrage für die Bertelsmann-Stiftung; Schuld-

neratlas 2014; Statistisches Bundesamt; Techniker Krankenkasse TK; Verein Deutscher Ingenieure VDI.

8. Recht und Ordnung

advocard Streitatlas; Bund der deutschen Steuerzahler BdST; Bundesrechtsanwaltskammer; www.bußgeldka-talog.org; Deutsches Institut für Normung DIN; Sucht e. V.; Forsa-Umfrage im Auftrag der Essener Minijob-Zentrale; Länderfinanzministerien; Polizeiliche Kriminalstatistik 2014; PwC Wirtschaftsprüfungsgesellschaft; Statistisches Bundesamt; TNS Emnid-Umfrage im Auftrag des Magazins *Chrismon*; Fachverband.

9. Lust, Frust und der ganze Beziehungs- und Familienkram

Berliner Prostituiertenberatungsstelle Hydra e. V.; Deutsches IVF-Register DIR; Durex; www.edarling.de; www.elitepartner.de; The Behrend College, Fachbereich Psychologie; Gesellschaft für Ästhetische Chirurgie e. V.; Gesellschaft für wirtschaftliche Strukturforschung e. V. GWS; GfK-Umfrage im Auftrag der *Apotheken-Umschau*; iconkids & youth Marktforschung; Institut für

Demoskopie Allensbach; International Society of Aesthetic Plastic Surgeons ISAPS; Statistisches Bundesamt; Vereinte Nationen UN; University of Pennsylvania; Studie des Londoner King's College, abgedruckt im *BJU International*; Wissenschaftszentrum Berlin für Sozialforschung WZB.

10. Schaffe, schaffe, Häusle baue

ACNielsen; ADAC; www.Autoscout24.de; www.deals.com; www.elitepartner.de; Euler Hermes Economic Research; Forsa-Institut; Gesamtverband der Deutschen Versicherungswirtschaft GDV; Greenpeace; Ipsos-Studie im Auftrag des Magazins *Das Haus*; Kraftfahrt-Bundesamt KBA; *Men's Health*; Ricesta für das Deutsche Lackinstitut; Statistische Ämter der Länder; Statistisches Bundesamt; TNS Emnid für Atral-Secal; Verkehrszentralregister VZR; yougov im Auftrag der Deutschen Presse-Agentur dpa.

11. Kultur? Wat is dat denn?

Arbeitsgemeinschaft Fernsehforschung AGF; Bundesverband Musikindustrie BVMI; DAK-Gesundheit;

Deutscher Bühnenverein; Deutscher Musikrat; Deutsches Historisches Museum Berlin; Duden; Eurostat; Filmförderungsanstalt FFA, Gesellschaft für Konsumforschung GfK; Handelsblatt Research Institute; Institut für Museumsforschung IfM; similarweb für *The Guardian*; Society of Music Merchants SOMM; Statistisches Bundesamt; TNS Infratest.

12. Deutschland, wo geht die Reise hin?

AOK Krankenhausreport; Stiftung für Zukunftsfragen, BAT; Bundesverband Deutscher Bestatter e.V.; Deutsche Hauptstelle für Suchtfragen e.V.; Frauen in die Aufsichtsräte FidAR e.V.; GfK-Umfrage im Auftrag der *Apotheken-Umschau*; R+V Versicherung; Shell Jugendstudie 2015; Statistisches Bundesamt; World Happiness Report; www.yougov.de.